教育部人文社会科学重点研究基地
重庆工商大学成渝地区双城经济圈建设研究院

西部农村地区高质量发展的
创新驱动机制研究

王　燕　著

本书由以下项目共同资助：

1. 国家社会科学基金一般项目"西部农村贫困地区脱贫攻坚后高质量发展的创新驱动机制研究"（19BJY131）
2. 国家社会科学基金一般项目"西部地区农业科技协同创新机制研究"（13BJY117）
3. 重庆市社会科学基金重点项目"重庆农村贫困地区2020年后高质量发展的创新驱动机制研究"（2019WT44）
4. 重庆市教育科学"十三五"规划重点项目"重庆农村贫困地区脱贫攻坚后乡村教育高质量发展的创新驱动机制研究"（2019-GX-115）
5. 重庆市社会科学规划英才计划项目"乡村振兴战略下重庆山地特色高效农业科技创新路径研究"（2022YC008）
6. 重庆市经济社会发展重大决策咨询研究项目"乡村振兴战略下重庆农业科技协同创新问题研究"（FGWXSW2020-1-17）

科学出版社

北　京

内 容 简 介

本书在借鉴国内外典型国家和地区农村高质量发展创新驱动经验的基础上，研究农村地区高质量发展创新驱动的内涵、特征及实现机制，总结西部农村地区高质量发展创新驱动的内在条件和外部约束，研究西部农村地区高质量发展创新驱动的影响因素，并通过分析西部农村地区高质量发展的意义、方向以及典型案例，构建新时代西部农村地区高质量发展创新驱动机制模型，并以此为依据对西部农村地区高质量发展创新驱动机制进行实证研究，提出西部农村地区高质量发展创新驱动的动力系统、条件系统、过程系统和调控系统，最后从国家宏观政策层面、中观控制层面、管理决策层面，提出符合西部地区区情和不同类型农村地区发展实际的、能推动西部农村地区高质量发展的创新驱动机制有效执行的措施和政策建议。

本书适合高校及科研院所研究人员、政府相关部门工作人员阅读。

图书在版编目（CIP）数据

西部农村地区高质量发展的创新驱动机制研究 / 王燕著. -- 北京：科学出版社，2025. 1. -- ISBN 978-7-03-080401-3

Ⅰ. F323

中国国家版本馆 CIP 数据核字第 2024SZ4350 号

责任编辑：陶　璇 / 责任校对：贾娜娜
责任印制：张　伟 / 封面设计：有道设计

科学出版社 出版
北京东黄城根北街 16 号
邮政编码：100717
http://www.sciencep.com
北京厚诚则铭印刷科技有限公司印刷
科学出版社发行　各地新华书店经销

*

2025 年 1 月第 一 版　开本：720×1000　1/16
2025 年 1 月第一次印刷　印张：9 1/2
字数：191 000

定价：108.00 元
（如有印装质量问题，我社负责调换）

作 者 简 介

王燕，经济学博士、管理学博士后，三级教授，重庆英才·创新创业领军人才，重庆市"应用经济学"学术技术带头人，重庆工商大学高层次人才特聘教授，重庆工商大学"萧丽玉教育发展基金"科研突出教师，重庆工商大学"萧丽玉教育发展基金"教学突出教师，教育部人文社会科学重点研究基地重庆工商大学成渝地区双城经济圈建设研究院特聘专家、重庆市生产力中心专家、重庆市大渝乡村振兴研究院专家，是教育部首批国家级课程思政示范课程、教学名师和团队项目负责人（2021年），重庆市第九次、第十一次社会科学优秀成果奖获得者（2018年、2022年），重庆市教学成果奖二等奖、三等奖第一完成人（2017年），重庆市第一届学位与研究生教育学会研究生教育教学改革研究优秀成果奖获得者（2019年），重庆市"创新型国家建设与'一带一路'绿色发展"研究生导师团队负责人（2018年），重庆市第六批研究生优质课程"中国区域经济问题专题"负责人（2019年），教育部人文社会科学重点研究基地成渝地区双城经济圈建设研究院"创新型国家与'一带一路'绿色发展"创新团队负责人（2017年），香港中文大学教育社会科学医学研究计划项目获得者，全国MBA企业竞争模拟大赛优秀指导教师，重庆市学位与研究生教育先进个人，并被学校选派参加2017年中央党校六部委第76期"哲学社会科学教学科研骨干研修班"学习。

长期致力于区域创新与区域经济及农业农村发展研究，获批主持国家社会科学基金一般项目2项["西部地区农业科技协同创新机制研究"（2013年）、"西部农村贫困地区脱贫攻坚后高质量发展的创新驱动机制研究"（2019年）]，以及重庆市经济社会发展重大决策咨询研究项目（2020年）、重庆市社会科学基金重点项目（2019年）、重庆市教育科学规划一般项目（2009年）及重点项目（2019年）、重庆市软科学项目（2009年）、重庆市教育委员会重大攻关项目（2008年）、重庆市教育委员会科学技术项目（2008年）等50余项，并主持重庆市研究生教育教学改革重大项目（2020年）、重点项目（2016年），重庆市高等教育教学改革研究项目（2011年、2016年、2020年），以及重庆潼南区农业农村委员会重大项目（2019年）、重庆市石柱土家族自治县科学技术局"十四五"创新规划项目（2020年）

等各类横向课题 30 余项。以第一执笔人完成的咨政建议获部级、副部级领导批示 20 余份，其中第一作者执笔完成的《关于重庆餐饮行业精准控疫、保证市场供应，恢复生产的建议》，于 2020 年 3 月被《重报内参》第 371 期作为核心建设内容采用，重庆市主要领导（正部级）对此建议予以重要批示，其核心内容并被应用于《重庆市人民政府办公厅关于应对新型冠状病毒感染的肺炎疫情支持中小企业共渡难关二十条政策措施的通知》中，累计产生经济效益近 4 亿元。以第一作者执笔完成的《脱贫攻坚如何与乡村振兴有效衔接——基层期盼"四稳定"，积极探索六大创新机制》的咨政建议，被《重报内参》第 400 期作为核心建设内容采用，重庆市主要领导（副部级）予以重要批示。以第一执笔人完成的推动成渝地区双城经济圈发展的《精准施策，补齐短板推进"綦江—万盛"一体化同城化融合化发展》，被重庆市主要领导（副部级）予以重要批示（2021 年），该成果被转化成市政协五届四次会议委员会议提案并立案。以第一执笔人完成的《推动成渝地区双城经济圈养老服务体系共建共享的建议》，被重庆市主要领导（副部级）予以重要批示（2023 年）。以第一执笔人完成的《立足国家战略，优化经济空间，推动成渝地区双城经济圈高质量发展的建议》，被时任重庆市主要领导（副部级）予以重要批示（2023 年）。以第一执笔人完成的《分类指导，精准施策，推动脱贫攻坚与乡村振兴有效衔接》（2020 年），该成果被民革中央专报报送全国政协，被全国政协予以采用。

此外，以第一作者在《管理世界》《南开管理评论》等高水平期刊发表论文 70 余篇，其中以其所承担的国家社会科学基金一般项目"西部地区农业科技协同创新机制研究"为支持，以第一作者于 2018 年 6 月在《管理世界》发表 2 万余字长篇论文《乡村振兴战略下西部地区农业科技协同创新模式选择与实现路径》，被中国人民大学报刊复印资料《农业经济研究》全文转载（2018 年 9 月），且经读者调查、学者推荐、专家评议、投票确定等程序，获评入选"2018 年度中国十大学术热点"热点五："乡村振兴战略研究"的重要文献，并列热点五重要文献第一位。截至 2024 年 9 月，累计下载 6671 次，引用 108 次，该论文得到国内经济学界知名专家教授认可、引用及评价，如被"2018 年中国经济学与管理学研究热点分析. 中国人民大学书报资料中心经济编辑部和《经济学动态》编辑部联合课题组，李军林，胡家勇. 经济学动态，2019（3）"一文引用并评价，其认为该论文"将我国乡村问题的解决方案提炼成'中国经验'，为全球解决乡村问题贡献中国智慧和中国方案"，还被中国著名大型经济类专业网站国研网等网站收录并转载。并且，还以通讯作者发表 SCI 级别 Q2 区期刊论文。

序

党的二十大报告提出，"高质量发展是全面建设社会主义现代化国家的首要任务"①，而创新是引领发展的第一动力，是实现高质量发展的战略支撑和根本要求。2019 年中央一号文件《中共中央 国务院关于坚持农业农村优先发展做好"三农"工作的若干意见》明确要求"不折不扣完成脱贫攻坚任务""到 2020 年确保现行标准下农村贫困人口实现脱贫、贫困县全部摘帽、解决区域性整体贫困"，并提出"巩固和扩大脱贫攻坚成果""接续推动经济社会发展和群众生活改善。总结脱贫攻坚的实践创造和伟大精神。及早谋划脱贫攻坚目标任务 2020 年完成后的战略思路"。因此，西部地区是我国国民经济的重要组成部分，如何构建创新驱动机制推动西部农村地区高质量发展，谋划西部农村地区脱贫攻坚目标任务完成后的战略思路，接续推动西部农村地区脱贫攻坚后经济社会发展和群众生活改善，满足人民对美好生活的更高需求，最大限度地增加人民的获得感、幸福感、安全感，已成为当前亟须探讨和研究的重要问题，对于西部农村地区巩固和扩大脱贫攻坚成果、建设农村美好生活、推动乡村振兴战略、实现共同富裕具有重要意义。

基于此，本书按照"理论依据—对比借鉴—状况调查—理论研究—实证研究—政策措施"的总体思路展开研究。在依据区域经济发展、高质量发展、创新驱动、现代系统科学等相关理论，以及借鉴浙江"泰顺县"、福建"建宁县"、广东"枫坑村"、江苏"小圈村"、山东"曹县"、河北"岗底村"、辽宁"康平县"、安徽"岳西县"以及日本、韩国、印度、以色列、美国、德国、荷兰、澳大利亚等国内外典型区域农村高质量发展创新驱动经验的基础上，研究西部农村地区高质量发展创新驱动的内涵、特征及实现机制，并基于 2015～2019 年数据研究西部农村地区高质量发展创新驱动的影响因素及评价指标体系，总结西部农村地区高质量发展创新驱动的内在条件和外部约束，分析西部农村地区高质量发展的意义、方向，以及四川苍溪县、广西田东县、内蒙古库伦旗、宁夏西吉县、甘肃金塔县、重庆石柱土家族自治县（简称石柱县）、云南勐腊县、贵州水城县②、陕西平利县、西藏贡嘎县、青海互助土族自治县（简称互助县）、新疆莎车县等西部农村地区高质量发展创新驱动典型案例，构建西部农村地区高质量发展创新驱动机制模型，并

---

① 习近平：高举中国特色社会主义伟大旗帜 为全面建设社会主义现代化国家而团结奋斗——在中国共产党第二十次全国代表大会上的报告，https://www.gov.cn/xinwen/2022-10/25/content_5721685.htm。

② 2020 年撤销水城县，设立水城区。

以此为依据对西部农村地区高质量发展创新驱动机制进行实证研究，提出西部农村地区高质量发展创新驱动的动力系统、条件系统、过程系统和调控系统，最后从国家宏观政策层面、中观控制层面、管理决策层面，提出符合西部地区区情和不同类型农村地区发展实际的、能推动西部农村地区高质量发展的创新驱动机制有效执行的措施和政策建议。

本书是国家社会科学基金一般项目"西部农村贫困地区脱贫攻坚后高质量发展的创新驱动机制研究"（编号：19BJY131）一次性通过专家评审结题的研究成果，并得到了评审专家的肯定与好评。其中，有专家认为，课题组工作量大，投入度高，研究视角密切关注国家发展战略，兼顾理论联系实际；研究方法强调对比研究，注重国内外实践经验借鉴与典型案例总结；研究内容与时俱进，注重实际问题的解决。不仅选题视角独特、很有意义，且研究思路清晰，理论分析框架合理，内容丰富，资料翔实，对策措施针对性强，典型案例分析很有特色，理论与实践并举，构建了"西部农村地区高质量发展的创新驱动机制理论研究框架"，拓展了"脱贫攻坚"理论研究及特色样本，还有力地服务西部农业农村与经济社会发展及决策支持，社会影响和价值显著，充分体现了国家社科基金项目设立及资助的意义与价值等。

当然，研究的出发点不同，势必导致对西部农村地区高质量发展创新驱动机制的认识、研究、理解不同。笔者虽然阅读了大量的文献资料并开展了一定的研究工作，但农村高质量发展创新驱动是一项庞大而复杂的工程，且西部地区复杂而脆弱的生态环境和独特的地理区位，使得西部农村地区高质量发展创新驱动目前仍处于前沿的探索阶段，不仅需要研究者具有广博而坚实的理论基础，也需要在实证研究方面有完整而翔实的统计资料。受笔者理论研究水平及研究时间、资料等方面的限制，本书并不能囊括西部农村地区高质量发展创新驱动的所有理论，有些问题还有待进一步展开和讨论，不足之处在所难免，有关西部农村地区高质量发展创新驱动的新视角与新问题也会随时出现。本书在成书过程中，参考了诸多专家学者的著作或论文科研成果，并在书中做了注明，在此深表感谢！竭诚渴望阅读本书的同仁、朋友多多提出宝贵意见，笔者将不胜感激并继续完善。

王燕

2024 年 9 月于重庆

目　录

第一章　绪　　论

第一节　研究背景

一、政治背景

党的二十大报告指出，要"全面推进乡村振兴""坚持农业农村优先发展""巩固拓展脱贫攻坚成果""加快建设农业强国"[1]，表明了农业农村高质量发展是党中央在新时代背景下做出的有利于全局发展的重大决策，做好"三农"工作是加快全面建设社会主义现代化国家的关键着力点。改革开放后，扶贫工作长期是党中央治国理政的重要环节，脱贫攻坚不仅是一项政治政策，更是提高人民生活水平的经济政策。从资金分发到个人的救济式扶贫到"资源利用型"开发式扶贫再到精准扶贫，国家先后出台了一系列战略方针，探索出一条适用于我国农村实际情况的特色扶贫开发道路，并取得了举世瞩目的成就。2021 年 2 月 25 日，习近平总书记在全国脱贫攻坚总结表彰大会上庄严宣告，"经过全党全国各族人民共同努力，在迎来中国共产党成立一百周年的重要时刻，我国脱贫攻坚战取得了全面胜利"，至此，我国 832 个贫困区县全部成功脱贫，有效完成了消除区域范围内绝对贫困的艰巨任务[1]。中国拥有 14 亿人口，占世界人口近五分之一，是世界上最大的发展中国家，全面消除绝对贫困不仅是中华民族发展史上具有里程碑意义的大事件，也是人类减贫史乃至人类发展史上的大事件，为全球减贫事业发展和人类发展进步贡献出了中国成功实践。1994 年国务院印发的《国家八七扶贫攻坚计划（1994—2000 年）》指出，坚持开发式扶贫方针，通过政府制定相关政策给予贫困地区技术、资金方面的支持，依靠科技进步帮助贫困人口实现自我积累、自我发展进而脱贫致富；2001 年《中国农村扶贫开发纲要（2001—2010年）》强调要发展生产力，加大科技扶贫力度，把科学技术作为种植业、养殖业的支持和保证，走出一条有自己特色的发展道路[2]；2011 年中共中央和国务院印发了《中国农村扶贫开发纲要（2011—2020 年）》，列出了改革开放以来我国扶贫

---

① 习近平：高举中国特色社会主义伟大旗帜 为全面建设社会主义现代化国家而团结奋斗——在中国共产党第二十次全国代表大会上的报告，https://www.gov.cn/xinwen/2022-10/25/content_5721685.htm。

项目的主要成果，提出的基本原则包括改革创新、扩大开放，其目的在于拓宽国内外交流渠道，分享减贫经验和资源，积极探索脱贫攻坚新路径；2016 年国务院印发的《"十三五"脱贫攻坚规划》强调改革创新，形成全社会协同推进的大扶贫开发格局；到了 2020 年，全面建成小康社会的目标得以实现，巩固拓展脱贫成果和解决农村相对贫困问题成为后脱贫时代的主要任务，农业农村发展政策体系得到了完善。自脱贫攻坚以来，我国西部农村地区各项事业均取得了突破性进展，面对日新月异的社会发展速度，对西部农村地区的发展要求也在不断提高。作为乡村治理的"最后一公里"，打破农村地区经济发展壁垒是有效提升现代化治理水平的关键，在贫困县全部摘帽之后，坚持巩固拓展脱贫攻坚成果同乡村振兴有效衔接，已经成为西部农村地区高质量发展的核心要务[3]。

二、经济背景

二十大报告提出"守正创新""实现高质量发展"①，明确创新是引领农业农村高质量发展的第一动力，科技创新和体制改革是实现农村社会经济建设和高质量发展目标的关键举措[4]，这为西部农村地区高质量发展提供了政策支持，也是西部农村地区落实创新驱动高质量发展的具体体现。受要素资源和地理位置的影响，西部农村地区高质量发展进程缓慢且始终低于全国平均水平[5]，与东部沿海地区相比，西部地区交通闭塞，对外开放程度较低，导致该地区效益产出低，经济发展质量不高，这使得西部农村地区成为我国脱贫攻坚成本最高的区域[6]。为了解决西部农村地区后脱贫时代的高质量发展问题，部分学者聚焦于西部农业发展的运行模式和机制创新，从参与主体、运营方式、功能特点等角度进行了深入分析，认为创新是实现高质量发展的首要途径[7]。脱贫攻坚取得了全面胜利，但西部农村地区高质量发展仍面临诸多挑战，具体来说有以下几点：一是仍存在发展不平衡问题，主要表现为城乡经济结构不完善、农业农村发展现代化不充分等；二是资源要素不能得到充分利用，农业农村高质量发展立足优势资源和区域特色，而大部分地区只重视开发优质资源，忽视了市场营销及产业链循环，从而导致产业升级和创新建设受阻，造成了大量资源和要素投入的浪费；三是国内外发展环境正经历百年未有之大变局，发展过程中可变因素的不确定性加大，进一步增加农业农村经济运行风险。目前，我国通过实施脱贫攻坚战略，解决了农村地区的绝对贫困问题，但与此同时，脱贫地区的自我发展能力仍然较弱，农村产业面临同质竞争问题，经济发展的潜在风险进入加快释放阶段。因此，只有把巩固拓展

---

① 习近平：高举中国特色社会主义伟大旗帜 为全面建设社会主义现代化国家而团结奋斗——在中国共产党第二十次全国代表大会上的报告，https://www.gov.cn/xinwen/2022-10/25/content_5721685.htm。

脱贫攻坚工作成果与乡村振兴进程紧密结合，坚持创新驱动经济高质量发展，才能尽快在党的领导下实现全体人民共同富裕。消除绝对贫困不是终点，而是下一阶段全面建设社会主义现代化国家的重要出发点，西部农村地区脱贫攻坚后的首要任务是巩固脱贫攻坚成果与未来发展之间的有效联系，而实现高质量发展的动力转向创新是必然趋势[8]。

三、生态环境背景

随着生态保护与经济发展的矛盾不断加深，人类科技进步与生态环境间不协调的现象越发明显，为了防止生态进一步恶化，党中央提出"推动绿色发展，促进人与自然和谐共生"①的战略部署。从短期来看，农村地区的经济发展与该区域环境生态保护的内在矛盾是不可避免的，由传统扶贫方式转向"造血式"绿色发展模式，是农村地区经济可持续发展的主要手段。而协调农业农村经济发展与生态保护之间的关系是解决绿色创新帮扶问题的关键，在高质量发展阶段，应该将"绿色是普遍形态"的发展目标和要求摆在重要位置，协同创新与绿色发展。在这一背景下，中国环境与发展国际合作委员会深入分析"绿色发展"概念，做出"绿色城镇化与环境质量改善""创新与可持续生产和消费"一系列课题报告，并指出绿色发展理念需要融入生活的方方面面，以形成可持续的经济、政治、文化发展方式[9]。结合西部农村地区发展实际，农业生产仍是西部农村地区脱贫攻坚后实现经济增长的主要方式，生态资源的要素禀赋可以直接决定农业产出水平，而在西部农村地区生态经济发展过程中，仍存在绿色发展意识不足、资源环境监管体系不健全等问题，导致农村区域发展不协调，森林、土壤和水资源等生态补偿系统缺失，虽然各级农业部门建立了农业环境监测点，但仍缺乏有效的动态评价方法，监测数据和信息并不能及时应用于农业和农村生态建设。随着科技进步，绿色创新发展得到越来越广泛的应用，科技创新为西部农村地区居民的生活方式提供了便利，也改善了资源利用程度低、生产活动导致环境恶化、环保意识较弱等状况。因此，在我国人口数量减少、人口红利优势逐渐减退的情况下，推动经济高质量发展必须从原来的投资驱动、资源消耗、生态破坏型发展模式转变为创新要素驱动方式，实现农村地区经济可持续、绿色与高质量发展[10]。

---

① 习近平：高举中国特色社会主义伟大旗帜　为全面建设社会主义现代化国家而团结奋斗——在中国共产党第二十次全国代表大会上的报告，https://www.gov.cn/xinwen/2022-10/25/content_5721685.htm。

四、区域发展背景

2020 年，中共中央和国务院联合发布《关于新时代推进西部大开发形成新格局的指导意见》，指出西部地区"巩固脱贫攻坚任务依然艰巨，与东部地区发展差距依然较大，维护民族团结、社会稳定、国家安全任务依然繁重，仍然是全面建成小康社会、实现社会主义现代化的短板和薄弱环节。新时代继续做好西部大开发工作，对于增强防范化解各类风险能力，促进区域协调发展，决胜全面建成小康社会，开启全面建设社会主义现代化国家新征程，具有重要现实意义和深远历史意义"。为促进全国经济协调发展，党中央从全局出发提出西部大开发战略，高效助力了西部地区经济社会的发展。而由于地理位置、资源禀赋、空间结构的差异，西部地区城市之间、城乡之间经济发展存在较大差异，提升西部自身竞争力，要以实现农村地区的高质量发展为前提。其主要原因在于，一是农业是国民经济的基础，农村地区的高质量发展是进一步缓解城乡发展不平衡、不充分问题的必然要求；二是经济发展方式产生了由资源集聚到全面协同的转变，城乡融合发展伴随着城乡边界的模糊，人力、资金等要素资源从中心城市扩散到周边城市群是必然趋势；三是乡村振兴是深化农村改革、优化农村要素资源配置的基础，随着农村地区脱贫攻坚后发展环境的大幅度改善，西部地区城乡融合发展迎来了新的机遇与挑战，党中央在农村建设提出的新发展目标，是以乡村振兴为轴，以产业发展为基，通过带动效应加强产业前向关联与后向关联，从而促进整个区域的经济增长。因此，西部地区农业农村转型升级必须走城市帮扶农村、工业带动农业发展的道路，改善农村地区经济发展状况，从而实现区域的协调发展。

第二节 研 究 意 义

西部农村地区具有强烈的区域性特点，包括重庆市、四川省、陕西省、云南省、贵州省、广西壮族自治区、甘肃省、青海省、宁夏回族自治区、西藏自治区、新疆维吾尔自治区、内蒙古自治区等地的农村地区。随着脱贫攻坚取得全面胜利，防止脱贫地区返贫成为后脱贫时代的重要工作内容。在西部大开发背景下推动西部农村地区高质量发展，是进一步完善西部基础设施建设、夯实农业农村经济发展基础、推动西部农村地区中国式现代化建设的有效途径。因此，研究西部农村地区高质量发展的创新驱动机制，对巩固拓展脱贫攻坚成果同乡村振兴有效衔接、加快西部农村地区高质量发展具有重大理论意义和实际应用价值。

一、研究的理论意义和学术价值

西部农村地区的发展特点较全国农村地区既有特殊性也有普遍性,分析研究好西部农村地区高质量发展问题,在一定条件下可以为其他地区农业农村现代化发展提供现实依据,具有重大的理论意义和学术价值。

第一,本书基于"西部农村地区高质量发展"背景,将高质量发展与创新驱动两大理念结合起来,围绕2020年西部农村地区脱贫攻坚目标任务完成后人民对美好生活的更高需求,着重研究运用创新驱动机制促进西部农村地区高质量发展的机理,能够为丰富、发展、延伸创新驱动发展战略提供素材。

第二,本书在国内外已有的农村地区高质量发展的创新驱动机制研究基础上,立足我国西部农村地区实际情况,并结合定性与定量分析开展理论与实证研究,揭示农村地区高质量发展与创新驱动的内在逻辑,构建我国农村地区高质量发展创新驱动的理论研究框架,进一步完善我国农村地区高质量发展创新驱动的理论体系。

第三,本书研究西部农村地区高质量发展创新驱动实现机制,以高质量发展和创新驱动的理念引领西部农村地区脱贫攻坚后发展方式的转变,探索新时代西部地区农业农村发展新路径和新动能,为西部农村地区接续推动经济社会发展和群众生活改善提供理论依据和研究框架,并通过充分吸收创新经济学理论和方法,运用于西部农村地区高质量发展的实践分析,为创新经济学研究探索一个新的研究方向。

二、研究的现实意义和应用前景

党的二十大报告提出"坚持农业农村优先发展,坚持城乡融合发展,畅通城乡要素流动"[①],因此,推动西部农村地区高质量发展,从根本上既是推动西部地区乡村振兴,也是确保西部地区建设现代化社会主义国家的重要着力点,高质量发展和创新驱动是西部农村地区脱贫攻坚后,不仅帮助广大农村居民要"吃饱饭、穿暖衣",还要满足广大农村居民对更高生活品质要求的集中体现。而西部地区是我国区域经济的重要组成部分,既是传统农业集中区,又是"老、少、边、山"的集中分布区,自然条件复杂,生态环境脆弱,不仅有民族自治县、牧区半牧区县、粮棉生产大县、陆地边境县,而且还有山区县、丘陵县、平原县、黄土高原县,地形地貌的复杂多样,农业产业的特色各异,科技资源的薄弱分散,农

---

① 习近平:高举中国特色社会主义伟大旗帜　为全面建设社会主义现代化国家而团结奋斗——在中国共产党第二十次全国代表大会上的报告,https://www.gov.cn/xinwen/2022-10/25/content_5721685.htm。

民科技文化素质的落后等诸多现实问题决定了我国农村地区脱贫攻坚后高质量发展的重点和难点在西部,深入研究西部农村地区高质量发展的创新驱动机制,对全国具有典型示范意义和实践价值,而且能够为其他区域农村地区脱贫攻坚后高质量发展创新驱动提供实证参考,并为相关政策制定者提供理论指导。本书研究的现实意义及应用前景具体如下。

第一,本书基于国内外农村地区高质量发展创新驱动的比较研究与实践借鉴,对西部农村地区高质量发展的创新驱动机制进行研究,结合该地区在农民生活质量、生存环境、社会福利程度、公共基础设施现代化建设等多个方面构建创新驱动评价指标体系,探讨西部农村地区脱贫攻坚后的发展方向和实践模式,对西部农村地区谋划脱贫攻坚目标任务 2020 年完成后的战略思路制定,具有重要的应用价值。

第二,本书以西部农村地区高质量发展的创新驱动机制为研究对象,对农村地区高质量发展的创新驱动机制进行全面分析,不仅为西部农村地区巩固和拓展脱贫攻坚成果、建设农村美好生活、推动乡村振兴战略、实现共同富裕,提供新的政策着力点方向和决策支持,也为我国提升现代化农村治理能力与构建现代化农村治理体系、完善创新驱动高质量发展战略提供模式选择、实现路径和新思路。

第三,本书以西部农村地区脱贫攻坚后进入全面推进乡村振兴的新阶段为背景,突出了创新驱动在西部农村地区脱贫攻坚后经济发展中的主导作用,提出西部农村地区高质量发展创新驱动的政策建议,为扩大农村内需、融入新发展格局,增强国内大循环内生动力和可靠性,推动西部农村地区脱贫攻坚后以乡村振兴融入新发展格局,推动西部农村地区中国式现代化建设提供决策参考。

第三节　研究的价值与难度

本书研究的价值在于:一是以西部农村地区高质量发展创新驱动机制为研究对象,对于推动我国西部地区以创新驱动为引擎,大力实施区域创新发展战略,创建创新型区域,具有一定的理论依据、现实意义和应用前景;二是通过对农村地区高质量发展的创新驱动机制进行全面分析,为西部农村地区巩固和拓展脱贫攻坚成果、推动乡村振兴战略、实现共同富裕,提供新的政策着力点方向和决策支持,也为我国提升现代化农村治理能力与构建现代化农村治理体系、完善创新驱动高质量发展战略提供模式选择、实现路径和新思路;三是以西部农村地区全面推进乡村振兴的新阶段为背景,突出了创新驱动在西部农村地区高质量发展中的主导作用，提出西部农村地区高质量发展创新驱动的政策建议，为扩大农村内需、融入新发展格局，增强国内大循环内生动力和可靠性，推动西部农村地区以乡村振兴融入新发展格局具有决策参考。

本书研究的难度在于：一是研究主体具有多样性。农村地区高质量发展是一个多主体参与的过程，这一过程的发展及演变规律相对复杂，且涉及企业、政府、科研机构、农户等多个创新主体，还受到经济发展、技术进步、自然环境等多种因素的影响，总体呈现出研究对象冗杂、研究过程长期连续等特征，使得研究数据采集有一定困难。二是研究地区的特殊性。西部地区作为传统农业集中区，自然条件相对复杂，生态环境较为脆弱，还存在低丘平坝、中丘、高丘、山地地貌区土地利用冲突的情况，且农业供给呈现明显的扩张态势，南北地区发展差异较大，使得研究范围的界定相对困难。三是研究对象具有差异性。农村地区高质量发展创新驱动既具有一般的协同创新特征，又受需求不足和供给不足的双重约束，具有地域性、公共性、长期性和风险性，使得研究重点不容易把握。

第四节　主体框架

本书按照"理论依据—对比借鉴—状况调查—理论研究—实证研究—政策措施"的总体思路展开研究，共分为八章。

第一章，绪论。本章从高质量发展的创新驱动机制角度论述了区域经济发展的相关理论、高质量发展的相关理论、创新驱动的相关理论以及现代系统科学的相关理论，为本书深入研究提供理论参考。

第二章，西部农村地区高质量发展创新驱动的比较研究与经验借鉴。本章通过系统收集、梳理和分析浙江"泰顺县"、福建"建宁县"、广东"枫坑村"、江苏"小圈村"、山东"曹县"、河北"岗底村"、辽宁"康平县"、安徽"岳西县"以及日本、韩国、印度、以色列、美国、德国、荷兰、澳大利亚等国内外典型区域农村高质量发展创新驱动的案例，比较分析不同区域、不同国情经济发展阶段和条件下农村高质量发展创新驱动的实践经验，以获取值得西部农村地区高质量发展创新驱动借鉴的启示。

第三章，农村地区高质量发展创新驱动的内涵及实现机制。本章在研究农村地区高质量发展创新驱动内涵及特征的基础上，重点研究了农村地区高质量发展创新驱动的实现机制，构建了区域高质量发展创新驱动机制模型，并对农村地区高质量发展创新驱动的动力系统、条件系统、过程系统、调控系统进行了分析，为研究西部农村地区高质量发展创新驱动提供依据。

第四章，西部农村地区高质量发展创新驱动的影响因素及评价指标体系构建研究（2015～2019年）。本章基于2015～2019年数据，一是通过构建西部农村地区高质量发展体系、量化测度西部农村地区高质量发展、研究西部农村地区高质量发展演进趋势，进而对西部农村地区高质量发展水平进行测评与综合分析；二是从创新驱动对西部农村地区高质量发展影响效应、西部农村地区高质量发展创新驱动区域异质性分析、西部农村地区高质量发展创新驱动的机理解析等层面对西部农村地区高质量发展创新驱动实证分析，从定量研究层面，为构建西部农村地区高质量发展的创新驱动机制提供依据和支撑。

第五章，西部农村地区高质量发展创新驱动的内在条件与外部约束。本章从因地制宜打造特色农业，助力脱贫地区产业发展；建立区域协作帮扶机制，推动东西两地共商合作；健全返贫动态监测体系，巩固拓展脱贫攻坚成果；发挥市场机制调节作用，推动社会资本贡献力量；引导各类人才立足实践，下沉帮扶县村领衔创新；稳抓生态保护大旗，践行绿水青山就是金山银山等方面研究西部农村地区高质量发展创新驱动的状况。并从发展潜力态势向好、现代化建设持续发力、教育重视程度日趋提升、医疗服务有效保障、城乡建设协同发展、生活质量稳步向前论述了西部农村地区高质量发展创新驱动的内在条件，以及从交通便利亟待健全、产业结构有待优化、政策支持力度尚需加强、可支配收入水平较低、规模化运营进程缓慢、工业支持相较乏力等方面研究了西部农村地区高质量发展创新驱动的外部约束，从定性层面为构建西部农村地区高质量发展的创新驱动机制提供依据和支撑。

第六章，西部农村地区高质量发展创新驱动的典型实践。本章在阐述西部农村地区高质量发展创新驱动意义和方向的基础上，研究了四川苍溪县、广西田东县、内蒙古库伦旗、宁夏西吉县、甘肃金塔县、重庆石柱县、云南勐腊县、贵州水城县、陕西平利县、西藏贡嘎县、青海互助县、新疆莎车县等西部农村地区高质量发展创新驱动典型案例，为构建西部农村地区高质量发展的创新驱动机制提供依据和支撑。

第七章，西部农村地区高质量发展创新驱动的实现机制。本章界定了新时代西部农村地区高质量发展创新驱动的内涵，并构建了机制模型，对其动力系统、条件系统、过程系统、调控系统进行研究。

第八章，西部农村地区高质量发展创新驱动的政策研究。本章研究了新时代西部农村地区高质量发展创新驱动的政策目标，提出了新时代西部农村地区高质量发展创新驱动的政策建议。

第五节　研究的不足之处及主要遗留问题

农村地区高质量发展创新驱动与其他领域的协同创新相比，具有显著差异，与我国农业现代化发展的要求相比，西部农村地区高质量发展创新驱动的实现机制还不够全面。虽然本书在农村地区高质量发展研究中尽量吸收多学科综合研究的成果，但由于笔者知识有限及资料短缺，研究范围尚待日后进一步扩展。

一、研究范围尚待扩展

由于农村地区高质量发展创新驱动与其他领域相比,具有显著的差异性特征,尤其是西部农村地区高质量发展创新驱动，更是受制于区域独特的资源禀赋、城乡发展差异、需求不足和资源供给不均的多重约束，具体表现为地域性、公共性、长期性、风险性，且涉及政府、高校、涉农企业、农业科研机构、各类中介服务机构和农户、农场、农业合作社、村集体等多主体进行农村高质量发展创新驱动资源的整合与互动，因此其研究范围需进一步扩展。

二、研究方法有待改进

本书从宏观上运用规范研究、定性与定量结合的方法对西部农村地区高质量发展创新驱动机制理论进行探索，但微观层面运用交易费用理论、现代契约理论、博弈论及复杂系统理论和方法，从载体、供体、主体等层面对西部农村地区高质量发展创新驱动的多主体博弈及其机制形成的影响因素等方面研究不足。因此，在今后研究中将更多运用交易费用理论、现代契约理论、博弈论及复杂系统理论和方法研究西部农村地区高质量发展创新驱动典型实践的微观层面机理及相互关系，这将是今后研究的核心领域。

三、调研数据有待丰富

本书是在理论探索的基础上，对西部农村地区高质量发展创新驱动机制进行研究，但鉴于西部农村地区高质量发展创新驱动的地域性、公共性、长期性、风险性，且涉及政府、高校、涉农企业、农业科研机构、各类中介服务机构和农户、农场、农业合作社、村集体等多主体及载体和供体，相关数据样本量不足且采集具有复杂多样性。因此，数据采集多来源于《中国统计年鉴》《中国农村统计年鉴》《中国科技统计年鉴》以及相关网站，实际调研数据有待加强。

参 考 文 献

[1] 习近平庄严宣告: 我国脱贫攻坚战取得了全面胜利[J]. 社会与公益, 2021, 12(3): 1.

[2] 刘牧. 当代中国农村扶贫开发战略研究[D].长春: 吉林大学, 2016.

[3] 姜长云. 全面推进农业农村经济高质量发展落地见效[J]. 中国发展观察, 2021, (3): 12-16.

[4] 杨成章. 西部贫困山区新农村建设研究: 基于建设模式及其发展要素的视角[D]. 成都: 西南财经大学, 2010.

[5] 孙艺璇, 程钰, 刘娜. 中国经济高质量发展时空演变及其科技创新驱动机制[J]. 资源科学, 2021, 43(1): 82-93.

[6] 李昭威. 中国西部农村贫困地区社会救助制度完善研究[D]. 武汉: 武汉大学, 2017.

[7] 吕开宇, 施海波, 李芸, 等. 新中国 70 年产业扶贫政策: 演变路径、经验教训及前景展望[J]. 农业经济问题, 2020, (2): 23-30.

[8] 师博, 樊思聪. 创新驱动经济高质量发展的空间效应与机制研究[J]. 广西大学学报(哲学社会科学版), 2021, 43(2): 78-84.

[9] 孟秀萍. 西部地区绿色城镇化水平测度与影响因素研究[D]. 西安: 西北大学, 2020.

[10] 张治河, 郭星, 易兰. 经济高质量发展的创新驱动机制[J]. 西安交通大学学报(社会科学版), 2019, 39(6): 39-46.

第二章 西部农村地区高质量发展创新驱动的比较研究与经验借鉴

党的十九大报告提出"高质量发展",表明中国经济由高速增长阶段转向高质量发展阶段,并提出"建立健全绿色低碳循环发展的经济体系"①的时代课题,为新时代高质量发展指明方向。世界各国乡村振兴发展历史表明,科技创新是农村乡村振兴的重要引擎,持续稳定实现农业发展、保证长期有效供给农产品,科技是根本出路。随着 21 世纪世界革命性发展,高质量发展创新驱动已成为各区域大力推动农业农村发展的战略选择。因此,有必要比较分析不同国情、不同区域经济发展阶段和条件下农村地区高质量发展创新驱动的实践经验,以获取值得西部农村地区高质量发展创新驱动借鉴的启示。

第一节 国外典型国家农村地区发展创新驱动的做法与实践

一、日本的做法与实践

日本是位于中国大陆东北偏北、朝鲜半岛之东、西伯利亚以南的东亚国家,四面环海、资源相对匮乏、国土面积不大,仅为 37.8 万平方千米。由于地形等原因,日本适合耕种的面积非常小,但日本对国内农业、技术、公共服务等方面提供大量补贴,使得国内粮食供应稳定和农民收入稳定,但其他农产品都需要依赖进口。第二次世界大战过后,日本一直坚持把科技创新作为支撑国家经济发展核心动力,在科研投入、政策等方面进行一系列改革,增加基础研究的科研经费,建立引领科研人员的奖励竞争机制等[1]。日本不断提高研发投入,R&D(research and development,研究与开发)占 GDP 的比重已经超过世界平均水平,成为世界研发投入最高的国家之一。

---

① 习近平:决胜全面建成小康社会 夺取新时代中国特色社会主义伟大胜利——在中国共产党第十九次全国代表大会上的报告,https://www.gov.cn/zhuanti/2017-10/27/content_5234876.htm。

　　具体做法与实践：一是创新驱动发展战略与时俱进。日本政府实施"教育先行"战略，培育一大批高质量的政府工作人员、企业家、科研人员，也为日本农村培养了大批技术型人才；实施"科技立国"战略，鼓励企业、学校、研究机构等创新活力；实施作为立国之本的"科技创新立国"战略，推动创新型国家的快速建成[2]。日本顺应时代的变化，与时俱进，从吸收外部先进技术进行自主创新，到实施自主创新，始终保持着强大的经济实力和核心竞争力，成为后发国家实现创新驱动发展的成功典范。二是日本农村注重培养多元化经营主体。根据农户生产者条件可将农户分为农业生产者主导型和社区生产主导型，前者是以专业从事农业生产的农户为经营主体，后者是以农村妇女和老龄者等难以维持生计的农户为经营主体。除此之外还有企业主导型、自治主导型和农工商主导型，这有效地激活了日本农村经济发展活力，加强了农业生产者和工商企业的合作，推动了农村经济的快速发展[3]。三是高度重视教育和科研人员的培养。日本一直都非常重视教育，早期日本就设立了文部省，发展近代资产阶级性质的义务教育，还派遣学生到英国、德国、法国等先进国家留学[4]。另外，日本政府非常注重农民职业教育，并提供了一定的资金支持，还鼓励其他组织机构支持农民职业教育，形成了政府、企业和民间组织多渠道向农民职业教育提供支持。农民职业技能的不断提高，为农业农村发展提供了新鲜血液，提升了农业生产效率，同时也提高了农民收入水平。随着社会经济的快速发展，科学技术变化多端，对劳动力的要求也就越来越高。要适应当代经济发展就要让教育走在生产的前面，培养优秀的和高素质的人员。四是注重乡村文化的保护和传承。日本农村振兴战略取得成功的重要保障是对乡村文化的保护和传承，日本政府通过制定相关法律来保护乡村文化、传承地方民俗。另外，日本还将乡村文化振兴融入全民教育和福祉中，提高社会大众对农村文化和发展的关注，使得乡村消费与投资增加，进而推动了乡村建设与发展[5]。五是注重农产品品牌创建。日本通过开展"一村一品"运动，逐步构建起具有地方特色的农产品品牌体系，休闲观光型的农场有自己的品牌和特色，如六甲山牧场、箱根牧场等，以农产品生产为主的农场也有自己的特色和品牌，如晴王葡萄、静冈网纹瓜等。另外，日本还制定商标法、反不正当竞争法等法律对特色农业品牌进行保护。

二、韩国的做法与实践

　　韩国位于东亚朝鲜半岛南部，总面积约 10.329 万平方千米，其中，山地占朝鲜半岛面积的三分之二左右，人均耕地面积非常少，农产品大多依靠国外进口，只有蛋和砂糖能够完全自给。矿产资源较少，自然资源匮乏，主要工业原料依赖进口。韩国的支柱产业主要有钢铁、造船、汽车、电子和纺织等。韩国是二十国集团成员之一，是拥有完善的市场经济制度的发达国家。韩国经济快速发展得益于特有国家的创新系统的运作。韩国从模仿和吸收适用于本国经济发展的工业技能和技术知识，到如今的自主创新阶段，不断完善科技创新体系，实现了创新驱动的全面发展[6]。韩国是政府主导推动创新驱动发展的典型国家，实现了由"主导追赶经济"向"服务创新经济"的转变，通过创新发展科技，创造新经济发展环境，推进国家经济持续健康发展。

具体做法与实践：一是重视人才的教育和培养。韩国特别重视国内人才培养，尤其是对科技精英学生的培养。从20世纪80年代韩国发起面向21世纪的基础教育改革运动，到修订《韩国教育法》使学生具备能适应快速发展的世界需求的基本技能，再到英才教育、精英教育、终身教育[7]。韩国政府还针对未来的青年人建立了完善的教育体系，从高中、职业培训、大学教育等各个层次，鼓励发展创新科技人才，以满足经济发展对劳动力的高标准、高需求。韩国政府还建立了正规学校农业教育、农村振兴厅四级农业教育和民间组织农业教育这三大教育体系，这种教育体系，使得农民的知识和技术水平得到很大的提升，农民工作机会选择的多样性增加，提高了农业生产技术水平，推动农业农村和农村地区经济快速发展。二是加强科研机构建设和研发投入。顺应国家经济发展的要求，韩国政府特别注重科研机构建设，从科学技术情报中心到基础研究院的设立，这些科研机构主要负责难度大、时间周期长、人员需求量大的项目研发[8]。韩国政府先后设立相关研究所和组织机构，主要负责农产品和生产工具等研发，以提升农业生产水平和提高生产效率。三是加强农村基础设施建设。按照不同地形地貌、基础设施的实际情况进行修建和改善，修建农村公路、改善住房条件和饮用水供给系统、实现农村电气化等。韩国农村基础设施的大力发展，不仅改善了农村生产生活条件，也推动了农业农村生产的发展。四是强化农民精神思想。韩国的新村运动，倡导"勤劳、自助、合作"的精神建设新农村，强化农民思想精神，从而推动农村经济快速发展，加速实现农村现代化。同时，鼓励农民积极工作，自主建设村庄，依靠自身力量来改变贫穷的困境。思想启蒙运动改善了农民精神面貌和心理状态，极大地鼓励了农民通过艰苦奋斗改变命运的积极性，增强了农民的自信心，也促进了农村地区经济发展。

三、印度的做法与实践

印度是南亚印度次大陆上的国家，是南亚地区最大的国家，国土面积为298万平方千米，位居世界第7位。印度是一个农业大国，农村人口占其总人口的72%。

印度大部分地区是热带季风气候，且拥有适合农业生产的冲积土和热带黑土，拥有世界 10%的可耕地，有着得天独厚的自然条件。印度是世界上最大的粮食生产国之一，也是世界上发展最快的国家之一。印度为提高经济发展，增加国家综合实力和提升国际竞争地位，非常注重科技政策的制定，通过科技来满足社会经济发展的需求。随着社会经济的不断发展，原有的科技政策已经不能满足当前的发展，印度政府从之前依靠科技能力转变为以科技创新战略来实现国家发展[9]。

具体做法与实践：一是完善科技创新教育和人才培养体系。印度在其科技创新政策中明确提出培养科技创新人才是科技创新的重要基础，完善科技创新教育和人才培养体系是创新驱动发展的基础。印度政府不断加大对高等教育的资金投入，鼓励私人办学，以培养更多职业技术类和应用型人才为印度经济发展注入新鲜血液，也为印度农业农村创新发展提供了宝贵的农业技术人才，从而提高了农作物生产量，提高了土地利用率和农民收入水平。二是科技改革创新促进农业快速发展。印度是农业大国，印度政府在农业基础设施建设、农产品价格、农民生产补贴、培训农民农业技能等方面提供了很大的支持，使得印度农业发展取得良好成效[10]。其中，农业科技创新对农业发展起到了主导作用，印度政府通过提高农业研发投入，助推系列生物研发成果产出，同时还引进、消化、创新国外先进科学技术。三是加大农村地区的投资。印度政府非常注重农业科技发展，通过建立和完善农村金融体系以支持农业发展，不断增加农村的生产性就业。为改变城乡、区域之间发展水平差距大的现象，印度政府从 2007 年开始加大对农村地区的投资，加快推进农村基础设施建设，创造更好的生产和生活环境，促进农业农村发展[11]。印度政府通过制定农业投入补贴、农产品价格支持等政策，确保了农业农村稳定、安全地发展，保证了农业在发展中的基础性地位，增加了农民收入，有效缓解了农村贫困。四是充分调动农民的生产积极性。印度政府在绿色革命中非常注重调动农民的积极性，通过各种方式使全国农民共同参与其中，推进各项工作稳扎稳打地完成[12]。另外，印度政府还在教育培训、信息传递和科学技术等方面起到引导作用，培养农民与农业相关的理论知识，提高农民的生产技术水平，充分调动农民的生产积极性，为农业农村发展奠定了坚实的基础。

四、以色列的做法与实践

以色列位于中东地区，与黎巴嫩、叙利亚、约旦和埃及相邻，2023 年国土面积仅为 2.5 万平方千米，拥有 984 万人口（2023 年 12 月）。以色列是中东地区最强大、现代化程度最高、经济发展最快的国家，而且以色列也是中东地区唯一的发达国家。虽然以色列自然资源匮乏，气候较为恶劣，但几乎实现了粮食、蔬菜、花卉等农产品的自给自足，以色列农业是现代农业化的重要代表。在 2013年以色列研发投入占 GDP 比重高达 4.4%，位于世界第一，2014 年以色列创新能力排名世界首位[13]，在《2019 年全球创新指数报告》中以色列排名第十。以色列在经济发展中，聚集了一大批高科技产业，从而淘汰某些劳动密集型产业如纺织、服装等，而且以色列政府将一些高科技产品迅速推广到国际市场上。以色列在科技创新方面的经验值得我国西部农村地区高质量发展创新驱动借鉴参考。

　　具体做法与实践：一是坚持企业创新主体地位。以色列政府为企业科技创新提供理论基础和适当的环境，但是不会过多干预企业的创新过程，企业对创新的成果拥有完全的自主权，可以跟随市场需求进行处理[14]。以色列政府为鼓励企业开展科技创新研究制定了优惠政策，以法律的形式明确企业开展创新研发活动享有税收优惠政策。这些举措极大地增强了企业的创新活力，也提高了企业的创新主体地位。二是注重教育事业发展。以色列政府高度重视教育，将义务教育的年龄范围从 5～14 岁扩大到 3～18 岁，2016 年以色列的高等教育入学率已经超过60%。以色列政府还特别注重教育经费投入，而且投入金额是一般国家无法超越的，为科技创新培养了大量的高素质人才。以色列政府设立农学院和农业大学，目的就是提高农民的理论知识和技术水平。农业教育机构免费为农民举办培训，讲解种植、储藏、水利和气象等农业知识，对提高农民科技文化素质起到重要作用。三是构建信息共享平台和有机整合创新资源。以色列政府鼓励企业大胆创新，将各类要素进行创新重组，还鼓励企业及时将最新的科技创新资源分享出来。这就需要构建一个共享平台，让企业之间相互分享科学技术、信息，以此更好地开展各类资源的整合创新，推进经济创新驱动发展[15]。四是高度重视农业的科技创新发展。以色列农业的科技贡献率在 90%以上，位居世界前列[16]。以色列农业科技创新主要体现在设立一定数量的农业科研机构服务于农产品的研发创新，制定相关激励农业科技创新的政策和加大对农业科研机构的经费支持等有利于提高资源利用效率，提高农业生产力水平等举措方面。

五、美国的做法与实践

　　美国位于北美洲，其国土面积为 937 万平方千米。美国的矿产资源如铁、铜、铅、煤、石油、天然气等资源的储存量位居世界前列。美国农业发展快速且机械化程度高。因为美国自然资源丰富，耕种面积多，温和的气候和肥沃的土地为美国农业发展提供了良好的条件，更重要的是发达的农业科学技术是美国农业快速发展的重要支撑。长期以来，美国引领着世界科学技术的发展，在航天航空、计算机、半导体、计算机软件、武器制造等多领域一直都处于领先地位。这得益于美国的各个层次包括政府、企业、科研机构等对科技创新高度重视[17]。美国研发投入占 GDP 比重长时间位居世界前列，而且美国专利申请量、科技创新文章等多方面都排名世界第一。

具体做法与实践：一是政府在创新驱动发展中起着关键作用。美国政府设立相关科技政策管理机构，制定各领域科技发展创新战略，协助和管理各部门参与科技创新计划。美国政府通过立法的形式提高对农业的资金支持，加强土地的开发与利用，扶持农业保险等，这吸引了大量劳动力进入农业领域，解决了生产过剩的问题，并保护了农产品价格。二是注重基础研究且研发投入大。在 2010 年美国政府研发支出为 4070 亿美元，2019 年达到 6670 亿美元，从 2010 年到 2019 年，美国研发支出总额年均增长率为 3.8%，远高于同期 GDP 的增长率 2.2%。美国政府在制定政策和计划中一直都非常重视基础研究，虽然基础研究的效果不能立竿见影，需要长期投入，但是大部分有价值的科学技术都来自基础研究[17]。三是农业科技公司发展迅速。智能化和大数据等先进技术都已经广泛运用在美国农业，美国农业发展实现了现代化。农业科技公司的发展为美国实现农业现代化提供了强大的支持，农民可以借助这些科技公司来进行天气预警、生产技术、农作物的种植、农产品价格监测等活动，推动美国农业快速发展。四是农村公共文化服务推动经济可持续发展。美国各州分别确定了农村地区公共文化服务供给形式的措施，如设立文化创意工作坊，通过技术援助方式支持农村地区创意产业发展等具体方案，来确保低收入水平的家庭有机会获取不同形式的精神文化产品，从而强化农村地区文化的可持续性发展，增强农村活力，带动农村地区的经济发展。五是重视农产品品牌建设。美国是最早注重农产品品牌效益的国家，其中，农民协会在农业品牌建立过程中起到重要作用。如新奇士橙品牌的创建，1893 年，6500名果农联合成立合作社，其成员统一使用"新奇士"商标。

六、德国的做法与实践

德国位于欧洲中部，与欧洲众多国家相邻，是世界上工业发达的国家，其经济总量在欧洲排名第一，世界排名第四，被称为世界工业中心。其支柱产业主要有汽车和机械制造业、化工、电气等，而且这些汽车、化学，电气技术等在世界也是举世瞩目的。德国农业发展水平位居世界前列，德国的农产品和食品出口是世界第三，其领土的一半用于农业发展，主要种植玉米、小麦和油菜等，部分地区主要种植蔬菜和水果。在 2018 年和 2019 年世界经济论坛公布的《全球竞争力报告》中，德国创新能力连续两年位居世界第一，2019 年全球竞争力排名第七。德国依托创新驱动发展战略，根据国际市场经济发展趋势制定相关科技创新发展政策。在 2006 年制定了《德国高科技战略（2006—2009）》，2010 年制定了《思想·创新·增长——德国 2020 高科技战略》，2014 年更新为《新高科技战略——为德国而创新》等，这些战略都致力于将德国打造成为全球创新的引领者和先行者[18]。

具体做法与实践：一是重视培养多种类型的创新人才。重视培养科学研究型人才、高技术人才和职业技能型人才[19]。研究型人才主要是在综合性大学进行，以培养学生创新意识和科研能力；高技术人才主要是在应用技术大学进行，其主要培养学生的实用技能；职业技能型人才主要是在职业学校和企业中进行，使学生能更好地接受职业培训。德国的农业发展较为迅速，这与德国农民综合素质较高离不开。德国很多农民都持有专业资格证书，受过职业教育进修的农民超过60%，而且政府会组织免费的培训，以便免费获取现代化的知识，这对农村经济的可持续发展有重要的作用。二是持续推进农业农村数字化发展。德国政府越来越重视数字化的发展，特别是数字化在农业方面的应用。德国政府主要通过提高配套资金用于农业数字化的建设；持续扩大农村地区网络覆盖范围，确保农业数字化发展的基础；开展多项数字化实验项目，以提高技术创新和资源利用率；构建数字技术能力网络，分析农业数字化的状况、趋势和问题等并提出解决办法。农业数字化的发展提高了农业生产、管理效率，也进一步推动农村地区的经济发展。三是建设完善的科技创新金融支持系统。德国金融支持科技创新堪称全球的典范[18]。德国政府一直大力支持和鼓励企业科技创新，从创意初期就有政府的研发投入支持，也有风险投资、银行长期低息贷款支持、股权和债券融资等。德国的金融支持系统给企业提供了强有力的保障，进而有效地提高德国整体的创新能力。四是坚持科学、合理地规划农村地区。德国农村发展也是非常迅速的，有着优美的环境、便利的交通和健全的基础设施。德国政府会通过制定相关法律、政策来推进农村地区的建设和改建，农村地区的更新必须遵循相关法律法规[20]。

七、荷兰的做法与实践

荷兰是位于西欧的一个小国，人口大约 1798 万，国土面积约 4.15 万平方千米。耕地面积的 58%作为耕地和牧草地用于农业。其中，人均耕地不足 0.07 公顷，2005 年荷兰农业从业人员占就业人数的 3.1%。2008 年荷兰的农产品出口额曾位居世界第二，仅次于美国。农业人口不到世界总人口的 0.02%、耕地不到世界耕地总面积的 0.07%，但生产了世界约 10%的农产品，荷兰农业也因此被惊叹为"奇迹"而为世人所瞩目。成就荷兰农业奇迹般发展的原因是多层次和多方面的，其中最为核心的是以农民为中心建立的全国性农业知识创新体系。农业知识创新体系是指农业科研、教育、推广三者相辅相成、相互配合的一个创新系统。荷兰是世界上人口密度最大的国家，它以高度密集的高新技术发展农业进而带动农村地区的高质量发展。在荷兰，科技进步对荷兰农业增长的贡献率已经超过了 80%，这是荷兰农业具有持续竞争力的根本原因所在。

具体做法与实践：一是在经费筹措方面。政府向农业基础研究、战略研究和应用研究等方面投入资金，同时鼓励和支持社会资本投资农业发展的各个领域。以瓦赫宁根大学和研究中心为例，1999 年其科研经费共计 2.17 亿欧元，人均科研经费高达 76 600 欧元。其中，荷兰农业部门提供了 58.1%的科研经费，欧盟委员会及荷兰其他政府部门提供 12.3%，私人投资提供了 13.4%，剩下的部分是来自专利使用权、产品销售、咨询服务以及其他方面的收入。相关资料显示，荷兰政府每年对农业科研、农业推广等方面的经费投入为 15 多亿欧元，国家农业预算的25%用于农业研究。二是促进产学研合作。深入推进农业科研、教育和推广的深度融合，发挥农业知识创新体系对于农业农村高质量发展的积极意义。三是重视农业科技教育。一方面，荷兰建立了较为完备的农业科技教育体系，包括职业教育、大学教育、短期培训以及非政府部门组织提供的针对农民的相关培训；另一方面，除政府和社会重视教育之外，荷兰农民本身的素养也是极高的，在荷兰，大多数农民具有大学本科以上学历，部分农民甚至还拥有双学位或硕士、博士学位，因此，高素质的农民群体就为荷兰农村的高质量发展打下了坚实的基础，成为农业农村发展的基本保障。四是荷兰重视农业法律环境的建设。一系列法律法规措施的出台保护了国际化、市场化程度高的本国农业，从而创设了高质量、可持续的农业生产经营、农村城市一体化发展的良好环境。

八、澳大利亚的做法与实践

澳大利亚是第六大国土面积大国，国土面积为 768.82 万平方千米，其中，天然草场面积居世界首位，为畜牧业和种植业的发展提供了便利条件。澳大利亚的农业产出小部分用于满足国内需求，其余大部分用于出口，因其品质好、价格合适，所以澳大利亚的农产品在国际市场具有很强的竞争力。澳大利亚的畜牧业非常发达，主要以奶牛、肉牛和绵羊饲养为主，每年牛奶产量在 1140 吨左右，牛肉产量在 200 万吨左右,每年羊毛产量达到 10 亿公斤/年,占世界羊毛总产量的 30%,

畜牧业在澳大利亚农业经济中占据重要地位；种植业以小麦、水稻、大麦等为主，其中小麦是澳大利亚种植面积最大的谷物。澳大利亚的农业结构逐步由原来的畜牧业占绝对比重转变为农牧业逐渐平衡的农业结构。澳大利亚的农产品主要销往国际市场，因此农产品的销量和价格主要依赖国际市场。欧洲是澳大利亚农产品的主要市场，但近年来，为提高农产品应对国家市场风险的能力，澳大利亚不断寻求和拓展新的市场，其中，亚洲是新兴的国际市场，因此澳大利亚的农产品正在从欧洲市场转向亚洲市场。澳大利亚的传统农业生产方式以家庭农场为主，普遍规模不大，但近年来农场规模化的趋势越来越明显，农场数量越来越少，规模越来越大。与此同时，澳大利亚根据各地区自然资源和生态环境的特点，发展了生产不同农产品的专业化农业生产带。

具体做法与实践：一是充分调动民间组织推动有机农业发展。澳大利亚政府部门并不干预有机农业市场，而民间组织成为推动澳大利亚有机农业发展的重要力量。如成立了澳大利亚有机农业和园艺协会、澳大利亚维多利亚堆肥协会和塔斯马尼亚生活土壤协会等，这些协会主要通过自然方法种植蔬菜和粮食以及研究土壤如何自然恢复肥力等问题以推动有机农业的发展。二是加强农业标准化体系建设。为保障农业产品质量，澳大利亚从质量等级、生产技术规范、储存、运输等方面建立较为完善的农业标准认证体系。农业质量标准主要分为强制类和非强制类，强制类标准是由政府相关部门颁布的技术法规，而非强制类标准是由行业协会制定的，其中非强制类标准是农业标准体系的主体。三是重视农业科技创新和技术推广。澳大利亚的农业科研服务体系较为完整，覆盖面广，包含了品种选育、疾病防治等方面，科研研发工作由州政府、联邦政府、高校和商业企业共同完成，并且政府部门投入大量资金用于农业科技创新以及农业技术推广，定期开展农业技术培训课程，推动科研和生产实践的结合，提高农民的专业技术水平。四是重视生态环境保护。澳大利亚非常注重对生态环境的保护，通过立法限制草场的开发和保护天然草场，加强土地、水、森林、矿产等自然资源的管理，还利用价格杠杆促进水资源的合理有效利用，严格限制农药的使用等措施，保护了生态环境并在一定程度上促进了农业可持续发展。五是农业生产机械化程度高。澳大利亚在 20 世纪 60 年代就已经实现农业机械化，计算机自动控制技术在农业方面得到了广泛的应用，在畜牧业领域如草地的翻耕、牧草播种、挤奶剪毛等各个环节都已实现机械化操作，同样在种植业，从耕种到收割实现了全程机械化生产。

第二节 国内典型区域农村地区高质量发展创新驱动的做法与实践

一、浙江"泰顺县"的做法与实践

泰顺县隶属于浙江省温州市，地处浙江南部，至杭州市区 432 千米，距温州市区 152 千米。县域总面积 1768 平方千米，下辖 12 个镇、7 个乡。2021 年，泰顺县常住人口为 265 973 人，散居着畲、苗、侗等少数民族 32 个，其中畲族人口数量居全省第三。泰顺地区气候温和，四季分明，夏无酷暑，冬无严寒。泰顺取"国泰民安，人心效顺"之义，是生态之县、养生之地、印石之都、珍禽之家、红色之区，域内森林覆盖率达 76.9%，空气质量常年位居全省前列，享誉"中国生态养生旅游目的地""中国天然氧吧"等称号。近年来，泰顺县深入贯彻落实习近平总书记"下得来、稳得住、富得起"九字方针，以钻研刻苦精神打赢脱贫攻坚战，通过各种移民、安置举措，使得七万多农民实现了易地搬迁，这也是泰顺县打赢脱贫攻坚的重要途径。泰顺县是人口集聚和农民增收致富的改革试点，在 2021 年 7 月，泰顺县入选浙江高质量发展建设共同富裕示范区首批试点名单。

具体做法和经验有：一是大力推进生态大搬迁。实现民族同胞"进城梦、安居梦、脱贫梦"，实现了城镇能级的提升、城镇面貌的改善、人口和产业的集聚，全面撬动畲乡绿色高质量发展的引擎，推进共富大搬迁，推进共同富裕。二是精准化创新帮扶新模式。泰顺司前畲族镇首创"一户一策一干部"帮扶机制，落实到镇中每一户家庭，确保每户家庭有一名帮扶干部和一个帮扶项目，通过国家对村民的支持政策（政府贴息、帮扶贷款），为村民排忧解难。三是强化乡土人才培养。泰顺县吸引乡贤人才回乡创业，积极引导乡贤泰商回归，整合项目资金、平台市场、科技人才等资源，帮助少数民族同胞掌握致富技能，积极组织各类生产技能培训班，推广高效实用技术，有效促进产业发展。四是做大做精民族特色品牌。深挖畲族特色文化，加大畲语、畲歌、畲舞、畲药、畲族体育、畲族服饰等非遗资源挖掘保护和传承发展，以特色阵地、特色非遗、特色节庆等载体打造区域特色标识，持续擦亮少数民族特色品牌。五是推动少数民族特色优势产业发展。依托村集体经济组织带动少数民族农户增收，发展一批豆腐柴、铁皮石斛、茶叶等带动力强的产业项目，实现 2020 年 20 个民族村集体经济收入总和 978 万元，经营性收入 397 万元，超额完成省定民族村集体经济标准。六是加紧美丽乡村建设。聚焦未来乡村建设提升"智治水平"和"智慧指数"，科学布局硬件设施，改造升级软件支撑，村镇环境综合整治，截至 2021 年，全县已创成国家级村寨 4 个，省十佳特色村寨 3 个，A 级旅游景区民族村庄 10 个、3A 级景区民族村庄 5 个。

二、福建"建宁县"的做法与实践

建宁县隶属福建省三明市，位于福建省西北部，2023 年县域总面积 1716.34 平方千米，辖 4 镇 5 乡，常住人口 11.4 万人。县内主要是以丘陵地区为主，其中，金饶山海拔 1858 米是县内的最高山，也是世界地质公园的重要组成部分。建宁县是著名的中国建莲之乡、黄花梨之乡、无患子之乡和全国杂交水稻制种第一超级大县。建宁县始终围绕"两不愁三保障"目标，多举措并行全面推动脱贫攻坚取得胜利，在 2020 年底，县内 3 个扶贫重点县、51 贫困村全部摘帽，建档立卡贫困人口全部脱贫。

具体做法与实践：一是对农民进行产业帮扶。如建莲种植、水稻制种等产业拓宽了农民的增收渠道，产业帮扶使得农民自力更生，解决生活上的经济问题，巩固了脱贫成果。二是大力发展乡村旅游。依托当地生态资源禀赋，将传统农业和休闲旅游相结合，把农村地区的农地、果园、鱼池等地变成景区，将旅游地区向乡村拓展，将游客向乡村分流，推动乡村旅游高质量发展，从而增加农村地区农户收入。如开展果树认养帮扶模式，将果树认养费用的 10% 作为帮扶资金，不仅增加了建宁县村民的收入，也实现了城市人拥有果树的心愿。三是坚持"重点扶持"与"整村推进"相结合。2020 年依托全县 15.2 万亩（1 亩≈666.67 平方米）制种优势产业，探索"种业整村推进"帮扶试点工作，选择基础好、信誉高、实力强的种子企业合作，带动刚脱贫的农户和其他农村居民的收入进一步得到提高。四是聚力教育发展。教育兴则国家兴，教育强则国家强，建宁县通过助学贷款资助家庭条件欠佳的学生实现读书梦，对其精准帮扶，探索实施"真爱 6+1"模式，给予留守儿童和贫困学生温暖。五是对非劳动力人口给予经济补贴。每个月县、乡政府都会给予非劳动力人均 500 多元的补助及一定的高龄和残疾补贴，党员干部逢年过节都会送去慰问物资。六是鼓励社会力量参与。建宁县鼓励社会组织、非公企业、乡贤对农村进行帮扶，举办并实现"百企帮百村"、捐资等活动并将活动常态化，2020 年在社会力量的帮助下实现 42 个村快递覆盖 100%，高质量发展农产品生产、运输、销售环节，有效提高了农产品输送效率，解决了农产品销售难的问题，巩固了脱贫攻坚成果。

三、广东"枫坑村"的做法与实践

枫坑村位于广东省清远市清新区三坑镇北面，距广州 80 千米，清远市区 20 千米，共 22 个自然村。枫坑村地理位置紧靠北回归线，属南亚带季风气候，气候温和，地势西高东低。枫坑村依靠得天独厚的地理条件，盛产大米、香瓜、小宝西瓜、黄番薯、清远鸡等。近些年枫坑村以枫红基地和枫顺基地为依托，走"合作社、龙头企业、困难户"产业发展模式，在示范基地种植番薯、辣椒、山苏、水果玉米等经济作物，2020 年让全村 162 名贫困人口成功脱贫，村级集体经济从 2015 年的 2.8 万元增加到 2020 年的 14.2 万元。2020 年，枫坑村村委会至 200 人以上的自然村道路硬化已经全覆盖，共建设村道 10 千米。2020 年 12 月 5 日，枫坑村上榜 2020 年广东省"民主法治示范村（社区）"创建单位名单。

具体做法与实践：一是创新性培育区域特色产业。枫坑村依托枫红基地和枫顺基地，主要种植有机蔬菜、番薯、辣椒、山苏、水果玉米等新型经济作物，致力于将枫红基地和枫顺基地打造成示范平台，枫红基地还吸纳不少当地村民在家门口就业，月收入超千元，极大地方便了村民就业。二是邀请研究团队为村民授课。枫坑村邀请专业研究团队为农民进行授课，专业化的学习让村民更加了解黑玉米的种植技能，进一步提高了农民的种植技能理论水平。枫坑村通过教学方式，能够因地制宜地解决当地农户在种植中出现的问题，提高农业生产防范风险的能力，有效提高农户的经济收入。三是引进加工厂，拓展收入渠道。枫坑村通过给予政策优惠和资金参与引进其他区的农副产品加工厂落户枫坑村，如番薯干加工厂、菜干加工厂等，并通过创新驱动形成农产品附加值产业链，鼓励有闲置土地的农户在家发展农业，将产出的农产品拿到加工厂进行加工销售，还为当地村民提供就近就业的机会。四是打造农产品电商交易平台。枫坑村利用现代网络技术打破了枫坑村以及周边村庄农产品交易的时间和空间限制，既拓宽了销售渠道也减少了农产品流通市场的滞后问题，增加了农户收入。另外，枫坑村枫红基地开启"云中菜"认养模式，充分利用网络资源优势将地里的农作物销售出去。五是完善村里饮水安全、卫生安全基础设施。截至 2020 年，枫坑村建设了饮水安全工程，实现自来水的 20 户以上自然村数 22 个，覆盖率为 100%，饮水安全比率 100%，村卫生站等公共设施拥有率 100%，农村居民的饮水、卫生安全得到了保障。另外，枫坑村还对村内住房存在隐患的农户开展了危房改造，使得居民的生活环境进一步得到改善。六是实施人才返乡留乡计划。枫坑村党总支部践行"头雁工程"，以能人回乡创业为"红色乡镇"乡村振兴赋能，巩固脱贫攻坚成果，通过在清远等地人才联络站吸引本乡人才回归乡村，并帮扶回乡者在乡村就业创业，推动乡村休闲旅游发展，增加农民收入。

四、江苏"小圈村"的做法与实践

小圈村位于江苏省灌南县张店镇最南端，曾是远近闻名的鞭炮专业村，后因村内大多数年轻劳动力外出务工，村里只剩下老人和小孩，导致经济发展日益衰退，成为省定经济薄弱村。然而，通过努力，2016年小圈村被评为省级农村电子商务示范村，其中该村有三分之一的村民从事电商产业。在2017年，小圈村实现村集体经济超50万元、带动村民实现就业突破500人、小圈村电商产业实现超5000万元的目标，并且有136户村民成功实现脱贫。小圈村积极致力于乡村振兴，通过一系列创新举措，实现了从内到外的华丽蜕变。该村不仅全面升级了基础设施，如拓宽并硬化了村内道路，提高了村民出行的便捷性和安全性，还充分利用当地资源，大力发展特色产业，特别是在电子商务领域取得了显著成效。小圈村努力让村民住上好房子、过上幸福的好日子，打造美丽乡村典范，为其他地区乡村发展贡献"小圈村经验"。

具体做法与实践：一是发展创新驱动打造"一二三"产业融合发展模式。小圈村坚持创新驱动发展农业农村，在当地政府和省委帮扶工作组的带领下，实施点、线、面结合立体帮扶工作，点是指以村部为点的便民服务提档升级工程、线是指以中心路段为线的基础设施改造工程、面是指以产业圈为面的特色产业培育工程，推动小圈村"一二三"产业融合发展。另外，小圈村还成立了农机专业合作社，不仅有利于小圈村农机事业快速发展，还能够有效解放劳动力，增加农户收入。二是积极推动电商发展。小圈村大力发展农村电子商务，打造小圈电子商务产业园，为创业者提供技术、平台、资源、资金等要素，推动小圈村电子商务快速发展，目前已经形成了"农业、加工、光伏、农机、电商"五大产业项目。三是通过开展技能培训来提高村民收入。一方面小圈村注重将农民培训成为电商人才，2023年全年目标培训500人次，打造小圈村电商人才储备库，让村民能够实现在家门口就业创业；另一方面小圈村联合劳动培训中心和教育中心，开展免费技能培训课程（如电脑、服装加工、农机等），鼓励村民到县城就业，同时针对有意愿进行创业的农民给予政策和资金扶持。四是构建"五方挂钩"帮扶机制。小圈村曾是省内经济薄弱的地区，由苏州市姑苏区挂钩帮扶，该区为小圈村提供了1000多万元帮扶资金，并派出一名科级领导干部到小圈村担任第一书记。五是以产业带就业、促增收，例如，引入实体的制造加工企业，不仅提高了小圈村整体的制造能力，同时还带动大量的村民在家门口就业。六是将巩固脱贫攻坚成果与乡村振兴结合。小圈村通过挖掘本村的文化底蕴、历史资源，努力打造休闲农业，实现了从第一产业、第二产业的实体生产向第三产业——文化旅游的跨越式发展，另外，小圈村还大力发展规模化、高质化、品牌化果蔬种植，同时尝试发展农耕体验、生态采摘、休闲观光等,扩大连片种植规模,优化小圈村农业产业结构,这些举措都有效巩固了小圈村的脱贫攻坚成果和乡村振兴结合。

五、山东"曹县"的做法与实践

曹县,隶属于山东省菏泽市,位于山东西南部,全县占地面积为 1967 平方千米,现辖 21 镇、5 个街道办事处,总人口约 170 万人。曹县全县曾经 114 个省定贫困村全部脱贫摘帽,累计脱贫 15.2 万人。农业产业持续健康稳定发展,连续多年被誉为"全国超级产粮大县",粮食播种面积稳定在 300 万亩以上。曹县已经形成一区十园五带的现代农业发展布局,截至 2022 年,市级以上龙头企业达到 74 家,其中,国家级农业龙头企业 3 家。曹县乡村风景优美、环境舒适,通过开展农村人居环境综合整治工作,建成 202 个美丽乡村示范村,26 个美丽庭院示范村、2.1 万户美丽家庭示范户。曹县先后荣获全国中医药先进县、省慢性病综合防控示范县、省级卫生县城等称号,又获省级医养结合示范先行县。曹县坚定不移地推进乡村振兴发展,致力为其他地区乡村振兴贡献曹县发展路径。

具体做法与经验:一是大力发展曹县教育事业。方便群众子女就学,持续推进 "中小学食宿全覆盖""百所学校标准化建设"等教育建设工程,统筹推进义务教育均衡发展、城区大班额和薄弱学校改造工作,顺利通过国家义务教育均衡发展综合验收,大力开展"学区制"改革,促进城乡之间、校区之间教育资源深度融合、资源共享、文化融合同步发展。二是大力实施"健康曹县"工程。为方便群众就医,截至 2022 年,曹县已形成了以 7 家大型县级医院为龙头、28 处镇街卫生院为枢纽、666 个村级卫生室为网点的"县乡村"三级医疗卫生服务网络,切实解决群众"看病难""看病贵"等问题,打造"智慧医疗"省级知名品牌,大幅提升基本公共卫生智慧化水平,创新医保"床旁结算"模式,实现出院结算零等候。三是大力发展医养结合事业。曹县深化医疗卫生体制改革,多措并举推动医养健康产业发展,坚持医养结合、以养为主,积极组织全县各级医疗机构开展义诊及免费查体活动,保障了老年人老有所医、老有所养,提升养老服务信息化和便利化的水平。四是大力实施引凤筑"曹"工程。曹县为促进群众创业就业,不断加强政策供给,先后出台了《曹县全民创业优惠政策》等一系列政策措施,加强人员培训,推行"企业提单、政府列单、劳动者选单、机构接单、政府买单"免费培训,大大提高了群众的创业能力和职业素养。五是大力推动"畅通曹县"工程。为便利群众出行,曹县大力推动高铁加速发展,创造高铁建设"曹县速度",全县人民实现了在家门口坐高铁的梦想,曹县同时拥有两所高铁站,正式进入了高铁时代,进一步提升了安全通行保障能力。六是大力优化经济结构。曹县加速推动传统产业转型升级，挖掘重点新兴产业。截至 2023 年，毛纺服装产业园、复程工业园等六大产业园占地面积 38.3 平方千米，生物医药、高端化工、光电机电、农副产品加工、商贸物流"五大主导产业"呈现竞相发展的良好态势。

六、河北"岗底村"的做法与实践

岗底村隶属河北省内丘县，位于河北省西部太行山深处的九龙岗山脚下。20 世纪 80 年代全村共 100 户，690 人，全村以贫困远近闻名，与太行山里的其他村庄一样，山秃、人穷、观念老旧，耕地面积只有 200 亩，人均收入仅为 50 元。但现在的岗底村，发生了翻天覆地的变化，山清水秀、人富、观念超前。截至 2015 年，岗底村总资产达 10 553 万元，年总产值 6800 万元，年人均收入 2.9 万元，植被覆盖率达到了 82%以上，实现了生态、经济和社会效益的有机统一。2019 年，岗底村入选当年全国乡村治理示范村名单，其村办企业富岗食品有限责任公司获得了 2019 年"千企帮千村"精准扶贫行动产业扶贫奖。2020 年，岗底村入选第六届全国文明村镇名单和全国乡村特色产业亿元村名单。岗底村的乡村振兴发展为全国各地乡村振兴发展贡献了典型经验。

具体做法与实践：一是根据当地生长环境和气候特点培养特色农产业。岗底村其独特的气候、土质特点为苹果生长提供了得天独厚的条件，岗底村引进富士苹果，建立了河北省第一家苹果小镇，并成立村办公司，村民和公司风险共担，利益均沾，做大了苹果产业。二是搭建农产品经营平台。岗底村以村办公室为依托，以品牌战略发展为导向，搭建农产品经营平台，助力岗底村苹果产业高质量发展，有效促进了村民就业，增加了村民的收入。三是标准化培养特色农产品。岗底村聘请科研人员，改良并研发了适合当地气候、土质特点的苹果新品种，为富岗苹果量身定做了 128 道标准化生产工序，使富岗苹果标准化生产，避免了苹果"大小年"。四是积极培养高素质的产业技术人才。市县相关部门和农校积极为岗底村果农提供各种形式的培训，提高种植苹果的效率，组织获得技术职称的农民成立技术服务队，为其他地区提供技术服务。五是建立栽培技术示范基地。岗底村注册复岗商标，按照"公司、标准、基地、农户"的方式发展岗底村苹果产业，带动周边地区大规模种植苹果，建立省力化栽培技术示范基地，向农户免费推广苹果省力化栽培技术。岗底村苹果种植面积由原来的 2000 亩增加到如今的 3500 亩，极大地提高了当地居民收入水平。六是开拓出产业化新道路。开办农产品加工工厂，建立了超高压果汁果酱车间，以每斤高于市场价 0.1 元的价格收购当地农户苹果，助力农户增收，带动周边苹果产业连带发展。此外，岗底村充分利用复岗品牌优势，推出复岗系列农产品，如复岗绿色果品、禽蛋、食用油等六大系列产品，带动岗底村农产品多元化发展。

七、辽宁"康平县"的做法与实践

康平县隶属辽宁省沈阳市，位于辽宁省北部，全县占地总面积 2175 平方千米，其中，城市建成区有 21.5 平方千米，总人口 27 万人。康平县属北温带大陆性季风气候，日照率 64%，地势西高东洼、南丘北沙，水资源、土地资源、矿产资源等自然资源丰富，以四粒红花生和干豆腐作为地方特色。2017 年底，康平县作为辽宁省 15 个贫困县之一，率先完成了贫困县脱贫摘帽。康平县坚持以产业带动为核心，全面落实"两不愁三保障"政策，累计巩固扶持贫困人口 25 811 户次、54 330 人次。康平县牢牢紧扣党建引领促进乡村振兴发展，坚持完善政策、动员、监督等工作体系，加强防止返贫动态监测和帮扶机制建设，持续巩固脱贫攻坚成果与乡村振兴有效衔接。截至 2021 年 5 月，该县重点培育了 5 个发展壮大村级集体经济品牌示范村，培养了一批又一批的致富带头人，将 377 名党员培育成致富带头人，全县所有行政村实现挂职第一书记全覆盖，并成立"第一书记先锋班"和"第一书记临时党支部"，进一步巩固了脱贫攻坚成果。2021 年，康平县入选国家农产品质量安全县名单。

具体做法与实践：一是选树一批"党建＋"品牌。康平县致力于发展壮大村级集体经济，发展村级集体经济是实现乡村振兴的重要途径，也是巩固脱贫攻坚成果的重要方式。康平县努力探索"党支部、合作社、农户""党支部、企业、农户"等多种经营模式，助力村级集体经济壮大发展。二是培育一批致富带头人。康平县坚持"五好"标准，严格"十不准"负面清单，配齐配强村"两委"班子成员。全力推行村党组织书记、村委会主任"一肩挑"和村"两委"班子交叉任职，按照"2＋1"的方式注重从退伍军人、返乡大学生、致富能手中培养后备力量，为村"两委"班子注入新鲜"血液"。三是发掘一批乡土人才。康平县注重人才作用的发挥，与省科技厅派出的科技特派团和辽宁省旱地农林所的教授进行对接并到实地进行技术指导。聘请研究员围绕红薯、谷子、寒富苹果、花生等特色产业，集中培训及现场技术指导实用人才 300 余人次，举办各类培训班 6 场次，不断增大本土人才成长的"加速度"。除此之外，康平县还强化县级人才示范带动作用，加大下基层的指导力度。四是因地制宜探索特色产业发展。康平县官宝窝堡村依靠得天独厚的地理条件，大力发展大米特色产业，修建大米加工厂、对大米品种选择、田间工作、销售加工等方面实行统一管理，打造优质大米品牌，助力村集体经济壮大发展。五是深化脱贫攻坚专项督察。康平县坚持上下协作齐抓共管，聚焦构建监督工作新格局，坚持强化包案督导检查，聚焦问题线索处置质量，以"四坚持、四聚焦"助力巩固脱贫攻坚成果。六是大力发展农村电商。康平县通过苏宁、淘宝、拼多多、快手、抖音、百度、新浪微博等平台共同直播带货，形成了"党建＋电商＋农户"的全新模式。

八、安徽"岳西县"的做法与实践

岳西县隶属于安徽省安庆市，位于安徽省西南部、安庆市西部，县内占地面积 2372 平方千米，户籍人口约 41 万人，现辖 14 镇 10 乡。岳西县属北亚热带湿润性季风气候区，气候差异大，水资源、旅游资源丰富。现有中国国家地理标志产品 4 个，拥有"安徽省文明城市提名城市""中国天然氧吧""安徽省级农村电商示范县"等多个荣誉称号。岳西县集革命老区、纯山区、国家生态示范区、国家重点生态功能区"五区"于一体。岳西县严格落实"四个不摘"，全面落实新发展理念，依托自然资源禀赋，因地制宜发展特色产业，促进农民增收、村集体经济实力壮大，从根本上保障村民真脱贫、不返贫，走出了一条符合岳西特色的产业脱贫之路，为高质量巩固脱贫攻坚成果打下了坚实的基础。截至 2020 年，全县全面推进农村集体产权制度改革，清查核实村级集体资产总计 19.3 亿元，村（社区）均设置了集体股，量化集体股权 1 亿多元，累计投入资金 1.52 亿元，盘活村集体土地 30 227 亩、农户土地 10 587 平方米，带动村集体实现收益 988 万元。

具体做法和实践：一是大力发展绿色特色产业。岳西县坚持绿色发展理念，成功打造以优质茶、传统桑、高山菜、道地药、生态猪五大优势产业为主导，瓜蒌、猕猴桃、油茶、香榧等林特新兴产业协调推进的产业发展格局。二是加大资金投入精准。岳西县聚焦产业帮扶项目，通过提升价值链，将绿水青山当作"第四产业"来经营，设立 10 亿元产业引导资金，聚力发展大健康、大数据、大旅游三大首位产业。三是强化科技平台建设。岳西县积极开展技术传授、品种选育、标准化技术示范推广等工作，成立岳西县特色农业研究所和山区生态型蔬菜产业院士工作站，深化特色产业科技横向拓展作用。四是打造可持续的特色产业发展模式。岳西县不断提高抗风险能力，推行"经营主体+基地+村集体"的新型经营模式，建立利益共享、风险共担的产销对接网络，配套发展农产品电商。五是大力发展乡村旅游。岳西县设立旅游发展专项资金，改善乡村旅游环境，通过评选星级农家乐、岳西特色菜、创办农家乐品牌等举措，提升农家乐的档次和服务水平。六是全面推进"党建+"模式。岳西县坚持"党建引领+集体经济"模式，让村级集体经济"富"起来；坚持"党建引领+人才资源"，吸引本土人才留在乡村；坚持"党建引领+环境治理"，推动农村生产、生活环境不断提升；以党建为引领实现巩固拓展脱贫攻坚成果同乡村振兴有效衔接。

第三节　国内外典型区域农村地区高质量发展创新驱动的经验借鉴

一、国外典型国家的经验借鉴

（一）重视农村职业教育，促进农村实用人才培养

如日本，日本政府非常注重农民职业教育，并提供资金支持，还鼓励其他组织机构支持农民职业教育，建立政府、企业和民间组织多渠道、多层次培训投入机制，使得农民职业教育进入可持续发展。农民职业技能的不断提高，为农业农村发展提供了新鲜血液，提升了农业生产效率，也提高了农民收入水平；如韩国，韩国政府建立了正规学校农业教育、农村振兴厅四级农业教育和民间组织农业教育三大教育体系，通过三大教育体系，农民的知识和技术水平得到很大的提升，农民工作机会选择的多样性增加，推动了农业农村和农村地区经济快速发展；如以色列，以色列政府设立农学院和农业大学，致力于提升农民的理论知识和技术水平。农业教育机构免费为农民举办培训，讲解种植、储藏、水利和气象等农业知识，对提高农民科技文化素质起到重要作用。

（二）推动数字化发展，助力乡村可持续发展

如德国，德国政府越来越重视数字化的发展，特别是数字化在农业方面的应用。通过提高用于农业数字化建设的配套资金，持续扩大农村地区网络覆盖范围，奠定农业数字化发展基础，通过开展多项数字化实验项目，构建数字技术能力网络，提高技术创新和资源利用率，因此，农业数字化的发展提高了德国农业生产管理效率，也进一步推动了农村地区经济高质量发展；如美国，美国政府高度重视农业数字化发展，通过制定法律、税收优惠、财政补贴等措施全方位地引导农业数字化建设，建立了以国家为主体的完善的数字化农业体系，将农业统计局、农业市场服务局、农业展望委员会等机构纳入数字资源采集系统中，为农业农村发展提供有意义的、准确的、客观的信息。

（三）加强农业科研机构建设，助推农业高质量发展

如韩国，韩国政府特别重视科研机构建设，先后设立相关研究所和组织机构，负责农产品和生产工具的研发，以提高农业生产水平和生产效率；如荷兰，主要是由政府向农业基础研究、战略研究和应用研究等方面投入资金，同时鼓励和支持社

会资本投资农业发展的各个领域。相关资料显示，荷兰政府每年对农业科研、农业推广等方面的经费投入15多亿欧元，国家农业预算的25%用于农业研究；如以色列，通过设立一定数量的农业科研机构服务于农产品的研发创新，制定相关政策激励农业科技创新，加大对农业科研机构的经费支持等不断提高农业生产力的水平。

（四）夯实农村基础设施建设，提升农业生产力物质保障

如韩国，韩国政府立足地形地貌、基础设施的实际情况，积极进行整治、拓宽乡村道路和扩大铺路面积，提高耕种道路机械化水平，促进农机具使用效率的提高，并大力加强整理耕地、兴建灌溉和改善排水等生产性基础设施建设，以预防农业自然灾害，为农村地区经济高质量发展提供物质保证；如印度，为改变城乡、区域之间发展水平差距大的现象，印度政府从2007年开始加大对农村地区的投资，加快推进农村基础设施建设，创造更好的生产和生活环境，促进农业农村发展。

（五）搭建农业信息共享平台，实现农业信息资源共享

如韩国，通过制定农业信息化发展战略，加强农业信息基础设施建设，高度重视信息资源采集与开发，构建农场管理远程咨询系统、农业技术网站、农场技术咨询系统等，实现农民与科研双向信息交流，并发布病虫害预测信息和农作物长势信息、开展农业技术培训等，为农村地区经济高质量创新驱动发展奠定坚实的信息知识基础；如以色列，农业生产部门高度重视农业信息的收集、传播以及反馈，并通过互联网构建农业信息共享平台，为农业科研提供详细的基础资料，为农业部门和农业生产技术人员提供理论依据和实操经验。

（六）加快农业机械化发展，提高农业生产效率

如澳大利亚，在20世纪60年代就已经实现农业机械化，计算机自动控制技术在农业方面得到了广泛的应用，在畜牧业领域如草地的翻耕、牧草播种、挤奶剪毛等各个环节都已实现机械化操作，同样在种植业，从耕种到收割实现了全程机械化生产；如美国，将世界前沿技术、智能化和大数据等技术广泛运用在农业，实现农业现代化，并且美国农业科技公司高度发达，农民可以借助这些科技公司来获取天气预警、生产技术、农作物种植、农产品价格监测等信息，以推动农业高质量发展。

（七）注重农业品牌创建，推动农业发展由量变转向质变

如日本，通过开展"一村一品"运动，逐步建立起具有地方特色的农产品，

休闲观光型的农场也有自己的品牌和特色，如六甲山牧场、箱根牧场等，以农产品生产为主的种植型农场同样有自己的特色和品牌，如晴王葡萄、静冈网纹瓜等。还通过制定商标法、反不正当竞争法等法律对特色农业品牌进行保护。如美国，美国是最早注重农产品品牌效益的国家，其中，农业协会在农业品牌建立过程中起重要作用。如新奇士橙品牌的创建，该品牌是在 1893 年 6500 名果农联合成立合作社时创立，当时所有成员的水果统一用"新奇士"商标，目前，"新奇士"品牌的无形资产突破 10 亿美元。

（八）增强农业科技创新能力，提高农业科技成果转化能力

如荷兰，深入推进农业科研、教育和推广的深度融合，依托高校、科研院所、农业试验站等不断开发新技术、新产品，发挥农业知识创新体系的作用对农业农村高质量发展具有积极意义。如澳大利亚的农业科研服务体系，包含了品种选育、疾病防治等方面，科研研发工作由州政府、联邦政府、高校和商业企业共同完成。并且政府部门投入大量资金用于农业科技创新以及农业技术推广，定期开展农业技术培训课程，推动科研和生产实践的结合，提高农民的专业技术水平。如美国，农业科技创新体系主要由公立研发机构和私立研发机构组成。前者主要包括政府科研机构和州立大学，政府科研机构主要从事农业基础科学、解决农业生产问题的核心以及农业可持续发展等。私立研发机构主要由美国生物技术公司和农化企业以及非营利的私立研发机构组成，企业的研发创新更加注重完成农业科技成果的商品化和产业化过程，非营利研发机构主要研究欠发达地区的粮食安全问题。

二、国内典型区域的经验借鉴

（一）聚力乡村教育发展，为乡村发展注入源头活水

教育兴则国家兴，教育强则国家强。如福建建宁县，建宁县通过助学贷款资助家庭条件欠佳的学生实现读书梦，探索实施"真爱 6+1"模式，从小培养农业农村人才；如山东曹县，方便群众子女就学，持续推进"中小学食宿全覆盖""百所学校标准化建设"等教育建设工程，统筹推进义务教育均衡发展，大力开展"学区制"改革，促进城乡之间、校区之间教育资源深度融合、资源共享、文化融合同步发展。

（二）积极培养和引入人才，助推乡村人才振兴发展

如广东枫坑村，党总支部践行"头雁工程"，号召能人回乡创业，为"红色乡

镇"乡村振兴赋能，巩固脱贫攻坚成果，并帮扶回乡者建立生态观光农家乐，通过发展乡村旅游带动本地村民增收；如浙江泰顺县，吸引乡贤人才回乡创业，积极引导乡贤泰商回归，整合项目资金、平台市场、科技人才等资源，帮助少数民族同胞掌握致富技能，推广高效实用技术，高效推动产业发展；如辽宁康平县，发掘一批乡土人才，与省科技厅派出的科技特派团和辽宁省旱地农林所的教授进行对接并到实地进行技术指导，并聘请研究员围绕红薯、谷子、寒富苹果、花生等特色产业，集中培训及现场技术指导实用人才，举办各类培训班，不断增大本土人才成长的"加速度"。

（三）科学创新机制，有效巩固脱贫攻坚成果

如福建建宁县，建莲种植、水稻制种等产业拓宽了农民的增收渠道，通过产业帮扶使得农民自力更生，解决了生活上的经济问题，巩固了脱贫成果。如浙江泰顺县，泰顺司前畲族镇首创"一户一策一干部"帮扶机制，落实到镇中每一户家庭，确保每户家庭有一名帮扶干部和一个帮扶项目，通过国家对村民的支持政策（政府贴息、帮扶贷款），为村民排忧解难。如江苏小圈村，实行定点帮扶机制。小圈村曾是省内经济薄弱的地区，由苏州市姑苏区挂钩帮扶，该区为小圈村提供了1000多万元帮扶资金。如辽宁康平县，康平县坚持上下协作齐抓共管，聚焦构建监督工作新格局，坚持强化包案督导检查，聚焦问题线索处置质量，以"四坚持、四聚焦"巩固脱贫攻坚成果。

（四）创新培育特色产业，打造区域发展新引擎

如河北岗底村，其独特的气候、土质特点为苹果生长提供了得天独厚的条件。岗底村引进富士苹果，建立了河北省第一家苹果小镇，并成立村办公司，村民和公司风险共担，做大苹果特色产业。如广东枫坑村，修建了枫红基地和枫顺基地，并以基地为示范平台，进行有机蔬菜、番薯、辣椒以及山苏、水果玉米等新型经济作物种植，枫红基地还吸纳了当地村民在家门口就业，月收入超千元。如安徽岳西县，打造可持续的特色产业发展，提高抗风险能力，推行"经营主体+基地+村集体+农户"的新型经营模式，采取保底收购、订单挂钩、股份合作等形式构建紧密型利益联结机制，全面推进"四带一自"产业帮扶模式，建立利益共享、风险共担的产销对接网络，配套发展农产品电商。

（五）积极推动电商发展，打造农业发展新动能

如江苏小圈村，以电商赋能，推动"农业、加工、发电、农机、电商"5大新动能产业发展，夯实高质量发展的产业基础；如广东枫坑村，利用现代网络技

术打破了枫坑村以及周边村庄农产品交易的时间和空间限制，既拓宽了销售渠道也减少了农产品流通市场的滞后问题，增加了农户收入，推动了"云种菜"产业发展；如辽宁康平县，通过整合资源，将康平花生、黑小麦面粉、小陵臻品小米、官宝大米等特色农产品搬上多个电商平台销售，通过苏宁、淘宝、抖音、新浪微博等平台共同直播带货，形成"党建＋电商＋农户"的全新模式。

（六）积极对接科研资源，为农业高质量发展提供技术支撑

如河北岗底村，建立了栽培技术示范基地，走品牌化的"公司＋标准+基地+农户"发展之路，带动周边人口种植苹果脱贫致富，发展苹果种植面积3500亩，推动苹果产业兴旺，并根据与村民签订的《入股分红协议》分红；如安徽岳西县，积极开展技术传授、品种选育、标准化技术示范推广等工作，成立岳西县特色农业研究所和山区生态型蔬菜产业院士工作站，深化特色产业科技横向拓展作用，引进蔬菜新品种、新技术，推动科技资源向特色产业集聚。

（七）大力发展乡村旅游，推动农村经济结构转型升级

如安徽岳西县，设立旅游发展专项资金，改善乡村旅游环境，通过评选星级农家乐、岳西特色菜、创办农家乐品牌等举措，提升农家乐的档次和服务水平；如福建建宁县，依托当地生态资源禀赋，将传统农业和休闲旅游相结合，把农村地区的农地、果园、鱼池等地变成景区，将旅游地区向乡村拓展，将游客向乡村分流，将农业与旅游有机结合，打造集科普教育、采摘体验、休闲娱乐等于一体的多元化的农旅综合体，走出一条乡村休闲旅游之路，努力实现乡村振兴。

（八）强化科技平台建设，支撑乡村产业高质量发展

如广东枫坑村，枫坑村修建了枫红基地和枫顺基地，并以基地为示范平台，进行有机蔬菜、番薯、山苏、水果玉米等新型经济作物种植，枫红基地还吸纳了当地村民在家门口就业，月收入超千元；如河北岗底村，岗底村以村办公室为依托，以品牌战略发展为导向，搭建农产品经营平台，助力岗底村苹果产业高质量发展，带动村民就业，增加收入。

第四节　本章小结

随着21世纪世界革命性发展,高质量发展创新驱动已成为各区域大力推动农业农村发展的战略选择。因此，本章通过比较分析浙江"泰顺县"、福建"建宁县"、

广东"枫坑村"、江苏"小圈村"、山东"曹县"、河北"岗底村"、辽宁"康平县"、安徽"岳西县"以及日本、韩国、印度、以色列、美国、德国、荷兰、澳大利亚等国内外典型区域农村地区高质量发展创新驱动做法与实践，总结如下。

国外典型国家的经验借鉴主要有：重视农村职业教育，促进农村实用人才培养；推动数字化发展，助力乡村可持续发展；加强农业科研机构建设，助推农业高质量发展；夯实农村基础设施建设，提升农业生产力物质保障；搭建农业信息共享平台，实现农业信息资源共享；加快农业机械化发展，提高农业生产效率；注重农业品牌创建，推动农业发展由量变转向质变；增强农业科技创新能力，提高农业科技成果转化能力。

国内典型区域的经验借鉴主要有：聚力乡村教育发展，为乡村发展注入源头活水；积极培养和引入人才，助推乡村人才振兴发展；加强农业科研机构建设，助推农业高质量发展；科学创新机制，有效巩固脱贫攻坚成果；创新培育特色产业，打造区域发展新引擎；积极推动电商发展，打造农业发展新动能；积极对接科研资源，为农业高质量发展提供技术支撑；大力发展乡村旅游，推动农村经济结构转型升级；强化科技平台建设，支撑乡村产业高质量发展。

参 考 文 献

[1] 秦健. 美日欧创新驱动发展的路径特征及其对我国的启示[J]. 河南工业大学学报(社会科学版), 2017, 33(3): 127-132.

[2] 谈力, 李栋亮. 日本创新驱动发展轨迹与政策演变及对广东的启示[J]. 科技管理研究, 2016, 36(5): 30-35, 40.

[3] 邱灵. 推进农村一二三产业融合发展: 日本做法及其启示[J]. 全球化, 2016, (10): 99-108, 133.

[4] 王牧天. 中国创新驱动发展若干问题研究[D]. 北京: 中共中央党校, 2017.

[5] 贾磊, 赵心童, 张莉侠, 等. 日本农村振兴的法律体系研究及对我国的启示[J]. 上海农业学报, 2021, 37(4): 133-139.

[6] 陈强, 陈凤娟, 刘园珍. 韩国创新驱动发展的路径与特征分析[J]. 科学管理研究, 2015, 33(3): 115-118.

[7] 黄辰. 韩国创新驱动发展路径与政策分析[J]. 今日科苑, 2018, (1): 56-71.

[8] 王志章, 陈亮, 王静. 韩国乡村反贫困的实践及其启示研究[J]. 世界农业, 2020, (1): 41-48, 130.

[9] 盛明科, 罗娟. 中印科技创新战略与政策比较研究: 以印度 STI 和中国《国家创新驱动发展战略纲要》为例[J]. 科技进步与对策, 2018, 35(18): 127-134.

[10] 户俊峰. 新常态下推进农业创新驱动发展对策研究[D]. 郑州: 河南农业大学, 2017.

[11] 王志章, 王晓蒙. 包容性增长: 背景、概念与印度经验[J]. 南亚研究, 2011, (4): 105-116.

[12] 陈培彬, 张精, 朱朝枝. 印度"绿色革命"经验对我国发展生态农业的启示[J]. 农业经济, 2020, (6): 11-13.

[13] 李刚. 地方政府在东北老工业基地创新驱动发展中的作用研究[D]. 长春: 吉林大学, 2018.

[14] 朱丽. 从"以色列经济奇迹"看政府在创新驱动中的作用[J]. 当代经济, 2016, (36): 8-9.

[15] 吴兆明. 以色列科技创新驱动对区域经济创新发展的启示研究: 基于无锡市的实证分析[J]. 科技和产业, 2018, 18(11): 12-19.

[16] 沈云亭. 以色列农业发展经验及对我国农业现代化的启示[J]. 农村 农业 农民(B 版), 2019, (3): 33-37.

[17] 陈潇. 美国农业现代化发展的经验及启示[J]. 经济体制改革, 2019, (6): 157-162.

[18] 林柳琳, 吴兆春. 德国科技创新经验对粤港澳大湾区建设国际科技创新中心的启示[J]. 科技管理研究, 2020, 40(16): 8-16.

[19] 于慎澄. 德国创新驱动战略的发展路径[J]. 政策瞭望, 2016, (10): 49-50.

[20] 盛慧, 杜为公. 欧美主要国家农村发展经验研究[J]. 现代营销(下旬刊), 2019, (3): 10-12.

第三章 农村地区高质量发展创新驱动的内涵及实现机制

农村地区高质量发展创新驱动是一个系统变化的过程，不仅体现为经济的高质量增长，其内涵还向多个领域拓展。从两者的关系来看，创新是农业农村高质量发展的动力，高质量发展又为创新驱动提供了空间载体和目标导向。在新发展背景下，农村地区高质量发展的主要动力来自创新，而高质量发展创新驱动反映的是农村经济、社会、文化的协同效应，包含动力系统、条件系统、过程系统和调控系统的相互作用与协同。研究高质量发展创新驱动的内涵、特征、实现机制，将为进一步推动农村地区高质量发展提供思路。

第一节 农村地区高质量发展创新驱动的内涵概述

一、高质量发展的内涵

高质量发展是一种充分、均衡的发展，代表着政治、经济、文化、生态的全方位升级。大体而言，高质量发展的"质"是对社会发展更高水平、更高层次的要求，对"量"的影响是整个经济规模的扩张[1]。

（一）高质量发展是社会经济发展的最优状态

高质量发展在关注经济增长总量的同时，也包括对产业结构优化、消费结构升级、社会结构改善等多维度衡量，相较于经济增长具有更加丰富的内涵。一是从经济增长方面来看，高质量发展是在保证经济数量稳定增长的基础上，以较低成本换取更高社会效率的过程。亚当·斯密认为国民财富增长是经济发展的重要体现，经济增长质量是相对于发展过程而言的，评价经济增长质量的优劣需要判定发展过程的好坏。而高质量的经济增长是经济扩张的成果，一方面，经济总量的增加能够为区域发展提供资金支持；另一方面，整体的经济增长使得可利用资源更加丰富，这为获取更高的社会福利创造了物质基础[2]。二是从产业结构方面来看，深化供给侧结构性改革是高质量发展的关键，主要通过创新驱动传导机制实现产业结构的高级化发展；就消费结构而言，高质量发展促进了消费模式、消费环境、消费理念的转型升级，为进一步拉动经济增长提供动力；就社会结构而言，高质量发展体现为社会资本积累和人口结构改善等，从根本上保证了社会经济的稳定运行。综上所述，高质量发展是社会经济发展的最优状态。

（二）高质量发展是基于新发展理念的有机整体

高质量发展体现了以人为核心的新发展理念[3]，以人为本是全面建设社会主义现代化国家的出发点和落脚点。创新是经济发展的动力源泉，涉及技术创新、制度创新、文化创新、产品创新、市场创新等领域；协调是公平发展的内在要求，解决的是不平衡、不充分发展的问题，要求经济结构的组成部分协调一致，各组成部分之间也要相互协调；绿色是永续发展的必然条件，也是人与自然的关联纽带，绿色发展能够有效缓解人类在追求经济效益的同时对自然环境造成的破坏；开放是对外发展的必由之路，有利于形成内外联动的格局，不仅包括生产要素在全球范围内的交换，还意味着技术、信息、市场的相互渗透；共享是协同发展的本质要求，是实现公平正义的应有之义，其根本目的是实现全体人民的共同富裕[4]。在"十四五"背景下，农业农村高质量发展要以贯彻新发展理念为基础，走农村经济、社会、生态可持续发展道路，坚持把经济效益、社会效益和生态效益统筹摆在农村治理的重要位置，以"创新、协调、绿色、开放、共享"的有机整体带动农业现代化发展。

二、创新驱动的内涵

熊彼特在《经济发展理论》中系统阐述了对"创新"的定义，指出创新是要"建立一种新的生产函数"，即生产要素的重新组合；迈克尔·波特最早提出"创新驱动"的概念，认为创新驱动是经济发展的主要动力，其竞争优势是创新意愿和创新能力，目的是实现社会更高级、更合理的全面发展[5]。

（一）创新驱动是区域协调发展的第一动力

库克最先提出"区域创新系统"的概念，把人口、技术、信息以及资源的合理配置看成区域协调发展的主要内容[6]。从狭义上看，创新驱动经济发展是指创新主体充分发挥自身优势并与区域内其他主体进行互动交流的过程；从广义上看，实施区域协调发展战略是优化经济结构、促进高质量发展的重要保障。"十四五"时期，我国迈向全面建设社会主义现代化国家新征程，作为创新驱动的空间载体，区域经济代表了国家的发展水平，如何推动区域经济高质量发展是亟待讨论的重大问题。而创新驱动发展战略是党中央根据区域经济发展现状做出的有利于全局的长远规划，其中，创新驱动是区域协调发展的第一动力，由技术进步带来的扩散效应和溢出效应提高了不同地区的经济增长水平。创新驱动区域协调发展还可以分为自主创新发展阶段和区域全面发展阶段，前一阶段强调的是技术创新与区域产业发展之间的关系，后一阶段则要求自主创新体系不断完善，是区域范围内经济、政治、文化、生态的全面发展。

（二）创新驱动是经济高质量发展的本质特征

创新驱动是指多个创新主体（政府、企业、研发机构等）对资金、人才、信息等要素进行整合，同时以制度创新和技术创新为主体，辅以知识创新、服务创新、管理创新等多方面创新能力的共同作用。其中，不同创新主体在经济发展过程中的职能不同，如政府在创新驱动过程中起到引导和协调作用，为创新驱动指明方向；企业是创新驱动的落脚点，依靠科技进步推动产品更新迭代；研发机构是创新驱动的根本源泉，通过开发新兴技术实现科技变革[7]。高质量发展创新驱动的实现机制主要有以下两点：改变生产结构、转换动力机制，具体来说是把技术成果、人才储备、资金投入作为前提条件，以无形的创新要素作用于有形的创新主体，最终实现技术变革、动力转换的过程[8]。创新驱动是一种多维度、多层次的创新，人才创新是创新驱动的核心，也是创新系统中最活跃的因素；技术创新通过改变生产方式来提高社会运行效率；资金创新为创新驱动提供物质保障；而市场和政府的协同作用是连接创新驱动各个环节的关键纽带。

三、农村地区高质量发展创新驱动的内涵

党的十八大以来，我国农业经济发展态势长期向好，农业现代化水平不断提高，推动农业供给侧结构性改革、加快农村产业融合已成为农村地区高质量发展的主旋律[9]。从发展过程来看，农村地区高质量发展是使农村经济发展速度由高速转为中高速、经济发展方式由数量扩张转向质量提升、经济发展动力由要素驱动转向创新驱动的过程，其实质是解决农村经济结构失衡、发展动力不足的问题[10]，主要包括以下几个方面。

（一）产业融合是农村地区高质量发展创新驱动的重要体现

目前，我国城乡二元结构仍然存在，农村地区高质量发展需要进一步巩固拓展脱贫攻坚成果同乡村振兴有效衔接。产业融合是推进乡村振兴的重要举措，主

要依赖农民、家庭农场、农村产业化企业、农民合作社等创新主体的大力配合，通过技术创新加快农村产业融合进程，形成区域创新合力、农村产业集群的新局面[11]。从产业结构来看，保罗·罗默认为产出数量体现了内生技术的进步，产业结构方面的改善可以通过直观的生产数量来衡量[12]。基于此，农村地区高质量发展创新驱动可以将农村产业融合打造成供应链、价值链、产业链以及多要素交互的传导过程，合理配置要素资源达到优化农村产业结构的目的。

农村产业融合发展还可以从供给和需求的角度来阐述，在经济高速发展阶段，要素的供给数量是影响经济增长的主要因素，而在高质量发展阶段，不仅要强调高质量的供给侧结构性改革，也应明确需求侧是提高经济增长质量的内生动力。高质量供给是生产者提供的产品和服务能以最低成本满足消费者生活需求的程度，[13]而高质量需求通过不断优化需求结构来刺激供给结构的改善。现阶段，农业农村面临的主要问题是生产者的供给不能满足消费者的需求，因此，找到供给和需求在产业结构上新的平衡点，是加快实现农村地区高质量发展的根本途径。

（二）提高居民生活水平是农村地区高质量发展创新驱动的内在要求

高质量发展既是发展方式的转变，也是经济增长模式的转型[13]，对农村居民生活水平提出了更高要求。一是从社会福利层面来看，农村地区的经济发展侧重于强调农村居民的主体地位，经济高质量发展的目的是提高人民对日益增长的美好生活需要的满意程度，主要表现为对服务水平的要求更高、生活水平的质量更优、消费方式的种类更多等。而增加人均可支配收入是提高农村居民生活水平的具体体现，由于社会福利分配在经济增长的初始阶段偏向于生产者的个人所得，随着人力资本要素的成本不断升高，获取生产资料必须支付给劳动者更高的报酬，此时社会福利趋于更加公平的分配。二是从人居环境层面来看，农村地区高质量发展倡导建设资源节约型和环境友好型社会[14]，高质量发展是绿色、公平、可持续的发展，良好的生态环境为经济系统运行提供了基础保障。当前阶段，环境问题已成为农村经济建设的制约因素之一，粗放型经济增长造成了巨大的资源浪费，集约型经济增长方式的出现成为必然。同时，农村地区高质量发展还应该注重生态效益的提高，倡导农业绿色发展与可持续发展模式，加快构建农业生态文明体系、提升资源利用率是解决要素资源稀缺、自然资源禀赋差异大的最佳途径。

纵观我国农村地区的发展历程，可以看出，立足社会主义国家本质特征、转型期的时代特征等基本国情，坚持以人为本、渐进式、多元化的发展方式，是推动农村地区高质量发展的关键。随着乡村振兴战略的深入实施，我国农业经济不断增长，创新为农村地区高质量发展赋予了新的动力，针对农村地区高质量发展创新驱动，学者从不同角度进行了丰富的阐释，如表 3-1 所示。

表 3-1　学者对农村地区高质量发展创新驱动内涵的界定

学者	农村地区高质量发展创新驱动的内涵
钟钰[15]	农业高质量发展的内涵包括高标准的农产品、高生产效益的农业产业、高效完备的生产经营体系、高品质的国际竞争力
杜志雄[16]	质量是品牌的基础，农业及相关产业在发展过程中既要有保障生态与绿色的产业基因和灵魂，更要有保障农产品质量的措施与手段
杜志雄等[17]	农业高质量发展是以提升农业质量效益和竞争力为目标，涵盖高标准农产品、高效和完备的生产经营体系、高品质市场竞争力等方面的综合体
王瑞峰[18]	农村地区高质量发展不仅是乡村产业优化升级的过程，更是乡村产业结构优化、转型与创新的过程，其本质是农村和农民的高质量发展
刘涛和周红瑞[19]	以新发展理念为标准，以农村创新发展为核心动力、农村协调发展为内生要求、农村绿色发展为普遍形态、农村开放发展为必由之路、农村共享发展为价值导向的发展状态
谢小芹[20]	乡村振兴的目标涵盖经济、文化、环境、社会基础以及民生等多个维度，最终是为了满足农民对美好生活的需求，实现农业农村现代化和农民的共同富裕
严宇珺和龚晓莺[21]	新发展格局下，改革促振兴是乡村振兴的全新观念，精准化振兴是乡村振兴的发展定位，本土化振兴是乡村振兴的内生动力，协同促振兴是乡村振兴的实践路径，高质量振兴是乡村振兴的时代目标

资料来源：相关文献整理所得

综上所述，本书认为农村地区高质量发展创新驱动，是根植于农村，以农民为主体，以"创新、协调、绿色、开放、共享"的新发展理念为基本遵循，通过战略、知识、组织的协同，推动农业领域相关技术取得重大突破，形成新的农村社会风貌，促进农业经济与农村社会全面发展并最终实现现代化的过程。

第二节　农村地区高质量发展创新驱动的特征

改革开放以来，我国一直高度重视农村地区的发展问题，随着经济的快速发展和城乡融合进程的持续推进，各地区农村居民收入水平有了较大幅度的提升，但不同地区农村之间的收入绝对差距在扩大，而相对差距保持在高位，城乡经济"鸿沟"已成为限制农村地区高质量发展的主要因素。当前，我国已经出台了一系列缩小城乡差距的政策，提出西部大开发、乡村振兴等战略方针，尽管这些政策缓解了一些地区的非均衡状态，但仍有部分农村存在区域发展不协调的问题。例如，一部分农村已经迈入城镇化的行列，而另一部分地区还保留着相对落后的生活方式，包括基础设施不健全、居民物质生活条件较低、生态环境不良、自然资源稀缺等，单一的农业产业也限制了农村地区的经济发展。受自然环境和地理位置的影响，中心城市的扩散效应并不能完全辐射到农村地区，从而加大了相应资源辅助的困难，而这种情况很难在短期内得到改善。因此，探究农村地区高质量发展创新驱动需要结合当地经济发展特征，从多方面推动农村地区长远、稳定地发展。具体来说，有以下几个方面。

一、农村地区高质量发展创新驱动的相对性

脱贫攻坚取得全面胜利后，国家级贫困县全部摘帽，如何缓解相对贫困问题成为农村地区高质量发展的重点任务。相对贫困是指发展动力、发展机会、发展能力相对不足的发展型贫困，而农村相对贫困是在居民收入水平得到基本保障的前提下，教育程度、医疗系统、公共服务等发展的不足[22]。目前，我国农村地区的绝对贫困问题已经得到解决，但相对贫困发生率仍不断上升，与城市相比，农村地区高质量发展呈现出规模更小、难度更大、涉农性更强等特征。一是农村地区的经济发展与内生动力有关，自身能力不足是限制农业农村高质量发展的主要原因，包括人力资本不足、社会资本缺失、核心竞争力不突出等；二是相对贫困具有代际传递效应，由于获取知识、技术的能力有限，农村相对贫困人口在子女教育上投入较低，使得下一代人应对风险的能力减弱，加之从上一辈承接的不利因素代代相传，最终会陷入相对贫困循环的陷阱；三是农村地区的资源错配导致收入分配不均，以 2021 年全国城乡居民人均可支配收入为例，其中，城镇常住居民人均可支配收入为 47 412 元，农村常住居民人均可支配收入为 18 931 元，城乡差距为 2.5∶1，由此看出，收入分配不均扩大了城乡贫富差距。综上所述，将后脱贫时代的治理重心转向农村相对贫困地区是应有之义。

二、农村地区高质量发展创新驱动的阶段性

创新驱动对农村地区高质量发展的影响呈阶段性特征，创新的内在动力来自知识要素转化为科技要素的三大阶段，包括创新驱动的初始阶段、创新驱动的发展阶段和创新驱动的成熟阶段[23]。在创新驱动的初始阶段，经济的发展主要依赖于要素投入和劳动投入，此时创新驱动对农村地区高质量发展的作用较小；在创新驱动的发展阶段，技术创新和制度创新成为拉动农业农村经济发展的主要动力；在创新驱动的成熟阶段，创新驱动机制对经济发展的作用呈现多维态势。因此，不同阶段创新驱动对经济高质量发展的影响程度不同，作用机制也有一定差异。

现阶段，创新驱动农村地区高质量发展，就要对发展规律、创新驱动机制进行准确把握，大力培育脱贫地区乡村产业，这是顺应经济发展特征的体现，为加快农业农村现代化建设、全面推进乡村振兴提供了战略导向。

三、农村地区高质量发展创新驱动的持续性

农村地区高质量发展创新驱动是一个持续的过程，其持续性体现在经济数量的持续增长和经济质量的不断优化。创新本身是可再生的资源[24]，通过创新驱动机制可以激发一定的乘数效应，一旦创新成为推动高质量发展的原动力，区域经济就会保持持续的规模扩张。农村地区高质量发展要以创新驱动为主要抓手，在很长一段时间内，还需要技术创新、管理创新、产业创新等多个创新要素的共同作用。同时，农村地区高质量发展的创新驱动过程还是一个不断变革的动态发展体系，深化高质量发展创新驱动机制，关键是要解决农村经济效益、农村生态效益、农村社会效益的协调发展问题，并利用中心城市的"溢出效应"带动周边地区共同发展，从而提高农业农村高质量发展的长远性、持续性。党的十八大以来，我国针对农村地区的治理问题做出了一系列重要部署，要求贯彻新发展理念、提高新农村管理水平、坚决打赢农村地区脱贫攻坚战，现阶段，如何巩固拓展脱贫攻坚成果同乡村振兴有效衔接成为农村经济建设的又一重大问题，构建农村地区高质量发展创新驱动机制任重而道远。

四、农村地区高质量发展创新驱动的有效性

多维创新驱动是农村地区高质量发展的主要力量，为农村经济增长提供了良好基础和有力支撑。一方面，农村地区高质量发展的有效性通过生产效率表现，一般用投入产出比来衡量，即投入一单位要素资源所获得的产出成果越多，说明该地区经济效率越高，高质量发展的有效性越强[25]；另一方面，高质量发展创新驱动的成果体现在农业发展方式变革、生产导向转为质量导向、农业经营方式创新等方面。此外，农村地区经济发展的动力还可以来自区域创新活力，如创新政策改革、人力资源开发、产业集群演变等都是影响经济发展有效性的因素。而创新驱动高质量发展通过构建一种新的发展模式，拓宽了农民自主创新的活动空间，从而释放更多的市场活力，降低了农村地区高质量发展过程中的风险[26]。目前，我国农村地区经济增长迅速，城乡居民可支配收入的差距明显缩小，这也是农村地区高质量发展创新驱动体系有效性的具体体现。

第三节　农村地区高质量发展创新驱动的实现机制

一、农村地区高质量发展创新驱动实现机制概述

"实现机制"是指特定系统结构中各要素在一定条件下相互作用的运行机理，农村地区高质量发展创新驱动的实现机制研究的是创新驱动体系对农村经济高质量发展的促进作用，由动力系统、条件系统、过程系统和调控系统组成（图3-1）。正是农村地区高质量发展创新要素及各系统之间的相互影响、相互作用，实现其竞争优势的整合、协同及溢出，并提出适应于区域发展实际的农村高质量发展新模式，推动了农村现代化发展。

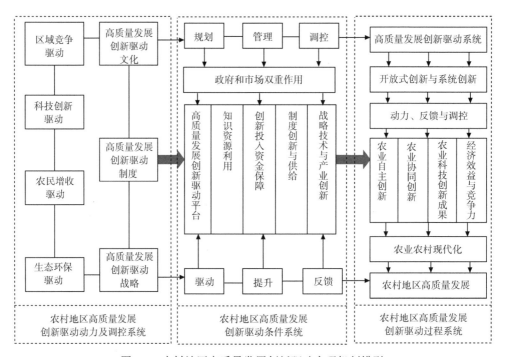

图 3-1　农村地区高质量发展创新驱动实现机制模型

创新驱动理论的深化来自对实践的不断探索，共同演化机制理论认为创新具有协同互促的特点，并在此基础上形成了一套有关创新驱动的理论框架，涉及创新行为、创新特征、创新过程中的影响因素以及这些因素之间的相互作用[27]，进一步表明了创新主体与内外部条件的不同会导致创新驱动过程和驱动成果有所差异，而不同的创新领域、创新机会也会让高质量发展创新驱动面对的现实条件各

不相同。创新与创新能力是动力系统的源泉，它同时融入了各个子系统的动态性与复杂性，而经济高质量发展依赖于创新驱动，探究高质量发展和创新驱动的相互作用关系，必须从理论层面（动力系统、条件系统、过程系统、调控系统）对高质量发展创新驱动的实现机制进行研究。在巩固拓展脱贫攻坚成果同乡村振兴有效衔接的战略背景下，农村长期以来形成的发展困境，使得农村地区高质量发展成为一项系统工程，因此，需要从动力系统、条件系统、过程系统、调控系统等层面探索农村地区经济高质量发展创新驱动的实现机制。

二、农村地区高质量发展创新驱动的动力系统

高质量发展的动力机制转变是经济发展处于不同阶段的体现，在高速增长阶段，经济增长的关注重点在于经济产出规模的扩张；而到了高质量发展阶段，动力机制则由数量驱动型转变为知识和技术的创新驱动型[28]。农村地区高质量发展创新驱动的动力系统可以分为外部动力系统和内部动力系统，其中，外部动力系统是拉动农村经济增长的主要力量，包括区域竞争驱动、科技创新驱动、农民增收驱动、生态环保驱动；内部动力系统包括高质量发展创新驱动文化、高质量发展创新驱动战略两方面内容（图3-2）。

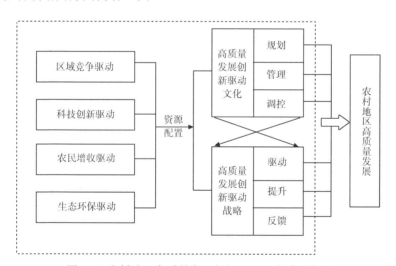

图3-2　农村地区高质量发展创新驱动动力系统模型

（一）外部动力系统

1. 区域竞争驱动

区域竞争驱动依赖于规模经济，在区域比较优势的基础上，通过技术创新、

发展产业等，促进竞争优势的形成，其来源包括农产品价格、农产品质量、农产品结构和农产品的差异性等。产业集群的建立和发展是提升区域竞争力的重要途径，通常以特色农产品为核心，集中农产品生产者、加工者、销售者以及科研、服务机构，以专业化和规模化取得独特的竞争优势[29]。从其演化路径来看，传统的农业发展模式主要依靠自然资源和劳动资源禀赋，而区域竞争驱动更加注重技术、资金、劳动力和产业政策上的协同与创新，一方面依靠农业科技创新，提高价格竞争优势和非价格竞争优势，以资本密集型、知识密集型代替劳动密集型的方式；另一方面，通过制定系列农业产业优惠政策，支持农民发展各种合作型流通组织，提高农民进入市场的组织化程度，确保农业稳定生产和农民持续增收，并引导农产品生产要素自由流通，从而促进农业竞争优势的发展。然而，区域竞争驱动基本依赖单一的资源优势，对外部综合资源的优势利用不足，使其竞争优势的发展受限，因而要探索以农业科技创新和农产品质量提升为主、政策优惠和直接补贴为辅的发展模式，以区域竞争驱动农业高质量发展。

2. 科技创新驱动

科技创新是农村进入高质量发展阶段的第一动力，对农业经济发展具有较强的驱动作用，受技术差距、知识成本以及其他不确定因素的影响，这种驱动力的作用机制相对复杂[30]。科技创新驱动农村高质量发展是一个动态过程，主要包括农业科技的制度体系现代化、研发水平现代化、装备水平现代化、人才队伍现代化、创新治理现代化和成果转化现代化等[31]，其中，农业现代化是科技创新驱动的结果，具体表现为通过优化农业产业结构、改善资源要素配置来提升经济增长质量，主要有两条路径：一是进行技术变革，二是对原有技术的二次开发。而新技术的出现一般需要时间的沉淀，旧技术的取代过程也会涉及特色农产品开发、新生产要素组合、新组织管理形式的实施等诸多方面，只有科技创新转变为经济增长贡献，才能在真正意义上推进乡村振兴、推动农业高质量发展。

3. 农民增收驱动

2020 年，我国实现全面建成小康社会后，农村居民的收入问题已得到基本解决，下一阶段，如何促进农民持续增收成为乡村振兴战略工作的核心任务。农民收入水平与自然资源禀赋、农民整体素质和农业生产结构等息息相关，家庭经营性收入是农民最直接、最稳定的收入来源，而坚持农民主体地位是实现农民稳步增收的前提条件。农村地区高质量发展要以促进农民增收为导向，充分发挥市场机制决定性，加快农村一、二、三产业融合，推动产业集群，延长产业链，通过村企联合、资产返租、产销联动等多种利益联结方式，使农民获得产业链增值收益,实现农民稳步增收。"十四五"时期,我国的发展进入到了一个新阶段,要高度重视农民的收入增长问题,盘活农村资产资源增加农民财政性收入,以农村内生力量拓宽农民增收渠道,实现共同富裕。

4. 生态环保驱动

习近平同志曾提出"绿水青山就是金山银山"①,推动农村地区高质量发展应始终秉持这一理念,利用自身生态和地理位置的优势,在生态环保的红线之上,宜农则农、宜林则林、宜牧则牧、宜渔则渔,将生态环境与农业生产相融合,实现经济、资源、生态全面协调的可持续发展[32]。一方面,生态环保驱动能为农村生态文明建设提供资金和人才支持;另一方面,生态文明建设又促进了农村经济发展与生态环境优化形成良性循环。但目前,我国农村地区生态高质量发展还存在农民生态保护意识薄弱、农村基础服务设施不健全、生态环保资金缺口大、农村生态保护制度不健全等问题,大规模的资源开发对农村生态环境和可持续发展均造成了危害。因此,农村地区高质量发展必须走绿色、生态发展道路,为高质量建设"生态宜居"的农村提供动力,实现乡村全面振兴。

（二）内部动力系统

1. 高质量发展创新驱动文化

高质量发展创新驱动文化是农村地区高质量发展创新驱动机制的精神指引和价值理念,对创新环境有根本性影响[33]。高质量发展创新驱动文化的形成实质上是激发创新意识和发展文化产业的过程,一方面,当创新成为人们的普遍意识,那经济的发展将自然而然从要素驱动过渡到创新驱动,从而加快农业科技成果的自主转化;另一方面,文化产业的兴起可以为农村地区经济发展增加部分创收,这也是调整产业结构、转变经济发展方式的重要举措。从两者的关系来看,高质量发展创新驱动文化强调创新意识的自我培育,拥有一种独特的创新思维等同于拥有市场核心竞争力,这会让要素投入和创新技术实现最大效果,使创新体系对农村地区高质量发展的驱动作用得到最大增幅。

2. 高质量发展创新驱动战略

高质量发展创新驱动战略根据现有资源、技术和市场建立起新的创新制度与组织结构,并通过技术创新和制度创新影响要素最终的使用效率,从而促进社会

---

① 点亮浙江发展最动人的色彩（总书记的能源足迹）, http://paper.people.com.cn/zgnyb/html/2024-06/24/content_26066519.htm。

经济的稳定运行[34]。高质量发展创新驱动战略的行为主体是富有创造力的组织，它们能够源源不断地提出新的思维方式并将其转化为有用的创新成果。探究高质量发展创新驱动战略的主要内容，可以从农业理论创新、农业制度创新和农业技术创新等多个方面入手，理论上的创新战略是追求新发展模式的重要依据，包括战略思维、模式思维、观念创新等基本要素的二次革新；制度和技术的创新则是农业经济高质量发展背景下的要求，也是适应市场竞争和深化经济体制改革的体现。完善高质量发展创新驱动战略，要不断推进要素市场改革，提高市场机制对资源配置的基础性作用，充分发挥要素投入对农业经济增长的积极效应。

三、农村地区高质量发展创新驱动的条件系统

农村地区高质量发展创新驱动条件系统包括以下五方面，如图 3-3 所示。

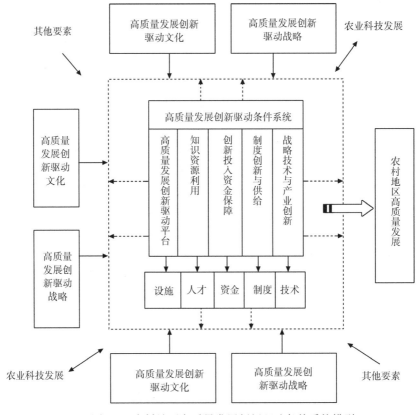

图 3-3　农村地区高质量发展创新驱动条件系统模型

（一）高质量发展创新驱动平台

高质量发展创新驱动平台是创新要素投入的重要载体，为孵化农业创新成果提供了前提条件，我国目前拥有的农业创新驱动平台有农村创业创新园区、农业数字化管理平台和农业农村智慧综合服务平台等。在农业经济发展过程中，投入的要素资源通过高质量发展创新驱动平台更快地转化为创新成果，对农村地区高质量发展具有整合、保障、供给、集聚、支撑、催化、协调、提升农业竞争力等功能。因此，探究农村地区高质量发展创新驱动的条件，要将搭建优质的创新驱动平台摆在重要位置，确保农村地区高质量发展创新驱动机制的高效运行。

（二）知识资源利用

知识资源是农村地区高质量发展创新驱动的首要资源，其载体主要有农业人才、农业技术及专利，如何高效、优化利用高质量发展创新驱动系统内部、外部知识资源是农村地区高质量发展的关键。在知识经济快速发展的时代，人才、技术和专利的创新投入可以辐射到其他各类要素，当知识资源利用率较高时，受农业人才、农业技术和专利影响的驱动系统对提高经济发展质量有积极作用；而当知识资源利用率较低时，该驱动系统对农村地区高质量发展的影响就会呈消极状态。因此，加大农村地区知识资源的利用率有助于从根本上开发潜在要素资源、加强对生产知识的运用，提高农村地区生产要素的使用效率。

（三）创新投入资金保障

资金积累是农村地区经济高质量发展过程中扩大再生产的动力源泉，资金积累规模和投入生产的数量是影响创新驱动机制的重要因素。创新驱动实现农村地区投入资金高效运作，可以借鉴发达国家农村投入资金运作经验与模式，并且要立足农村高质量发展生命周期资金需求规律，充分发挥政府引导作用，建立由区域政府、涉农企业、金融机构等组成的多元化高质量发展创新驱动资金投入体系。同时，资金投入会对社会结构的有序性进行调控，通过采用更先进的技术、更合理的管理以及更好的机械设备提高资金积累质量，从而带动经济发展方式由数量到质量的转变，这也是推动农业农村现代化和高质量发展的关键[35]。

（四）制度创新与供给

制度创新是高质量发展的前提，政府提出的一系列经济制度为高质量发展创新驱动创造了新的契机，从粗放式经济增长转向集约式经济增长的要求也为转变经济发展方式奠定了基础。以制度创新引领新时代农村地区高质量发展，一方面要构建包含政治、经济、文化、社会等多维度的高质量发展体系,从路线方针、政策环境、制度环境、市场环境、社会环境等多方面为农村地区高质量发展提供优质的发展环境;另一方面,强调农业产业结构的优化、城乡融合发展等方式,为农村地区高质量发展指明了前进方向。因此,需要通过政府职能的转变、农业高质量发展创新驱动人才制度的完善、农业高质量发展创新驱动知识产权保护的加强、农业高质量发展创新驱动科技体制改革等方面,建立农业高质量发展创新驱动合作共享机制,不断完善农业高质量发展创新驱动制度政策环境,从根本上激励、保障、推动、促进农村地区高质量发展。

（五）战略技术与产业创新

农村地区高质量发展的方向在于正确选择农业高质量发展的关键技术与产业。经济结构、制度类型、资源禀赋、文化要素、生态环境的不同,决定了农村地区高质量发展技术与产业的选择要与区域经济发展相适宜,如国家层面可以选择跨省共性关键技术;省域层面选择跨地州共性关键技术;地州市县选择本地特色农业重大技术;乡镇选择本土农业个性技术。在农业长期的发展过程中,技术进步使农业生产方式得到了巨大改观,主要表现为:农业生产的现代化水平不断提高、农业机械化水平稳步上升、农业耕作技术优势明显,农田基础设施取得重大进展。对于产业而言,技术创新的兴起限制了部分传统产业在市场中的份额,要素资源投入农业高新技术产业是经济发展的大趋势。

四、农村地区高质量发展创新驱动的过程系统

农村地区高质量发展创新驱动的过程系统有创新投入、创新活动、创新成果三个环节（图 3-4）。首先,创新投入是创新驱动过程的前端环节,包括农村金融投入、农业科技投入、农业人才投入、发展资本农业等,高质量的要素投入强调农民投入成本的最小化,而密集型创新投入是聚集优质要素资源的最佳方式。其次,创新活动是一个协同化、产业化、社会化的过程,可以将其分为两个层次,一是农业自主创新层面,包括创新农村组织模式、深化农村分工协作及服务功能、推进农业产业化转型升级等;二是农业协同创新层面,包含农业自主创新的进一步提升和整合[36]。最后,创新成果扩散是高质量发展创新驱动过程的最终目的,有效的创新行为能够对创新成果产生正向的溢出效应。在农村地区高质量发展创新驱动过程中,农业要素投入将通过一系列创新活动作用于不同的创新主体,产生的创新成果会由市场转化为农业经济效益和竞争力,从而实现农业增效、农民增收;同时,农村经济增长会为创新提供源源不断的动力,两者相互影响、相辅

相成，最终形成了农村地区高质量发展创新驱动的过程机制。

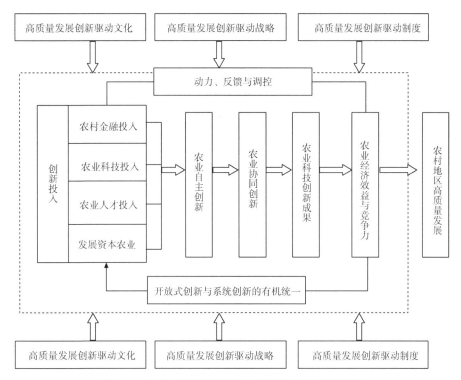

图 3-4　农村地区高质量发展创新驱动过程系统模型

五、农村地区高质量发展创新驱动的调控系统

创新行为本身有诸多不确定性，且原始创新具有高投入、高消耗、高风险的特征[37]，需要通过高质量发展创新驱动制度、高质量发展创新驱动战略、高质量发展创新驱动文化对农村地区高质量发展的创新驱动过程进行调控。其中，高质量发展创新驱动制度是调节创新成果流通的主要形式[38]，通过对农业经济发展中的要素投入进行合理配置，并根据外界条件做出灵活改变。而高质量发展创新驱动战略与农业经济发展有着更强的关联效应，主要是指劳动、土地、技术等单个或多个要素协同对经济增长的推动作用，这一机制通过要素聚集发挥作用，是生产要素在经济活动条件下形成聚集效应的重要过程[39]。现阶段，我国农村经济发展仍存在要素使用不协调的问题，一般来说，东部农村地区的要素聚集水平要远高于西部，发达地区的要素使用情况相较于欠发达地区也更加合理。整体来看，高质量发展创新驱动战略促进农村地区高质量发展，体现在供需市场与生产效率的提高，进而使农村经济稳定运行。高质量发展创新驱动文化贯穿于农村地区高

质量发展创新驱动的全过程,强调的是创新意识的自我培育,拥有一种独特的创新思维等同于拥有市场核心竞争力,这会让创新投入和创新过程实现最大效果,使创新体系对农村地区高质量发展的驱动作用得到最大增幅。

第四节　本章小结

本章重点阐述了农村地区高质量发展创新驱动的内涵、特征、实现机制。第一,本章研究认为农村地区高质量发展创新驱动的内涵可以从高质量发展、创新驱动和农村地区高质量发展创新驱动三个层面阐释,其中,高质量发展是一种充分、均衡的发展,代表着政治、经济、文化、生态的全方位升级,既代表了社会经济发展的最优状态,也是基于新发展理念的有机整体;创新驱动是经济发展的主要动力,其竞争优势是创新意愿和创新能力,目的是实现社会更高级、更合理的全面发展,创新驱动是区域协调发展的第一动力,也是经济高质量发展的本质特征;而产业融合是农村地区高质量发展创新驱动的重要体现,提高居民生活水平是农村地区高质量发展创新驱动的内在要求。综上所述,本章认为农村地区高质量发展创新驱动,是根植于农村,以农民为主体,以"创新、协调、绿色、开放、共享"的新发展理念为基本遵循,通过战略、知识、组织的协同,推动农业领域相关技术取得重大突破,促进农业经济与农村社会全面发展并最终实现现代化的过程。

第二,本章研究认为,随着经济的快速发展和城乡融合进程的持续推进,我国农村居民收入水平有了较大幅度的提升,但不同地区农村之间的收入绝对差距在扩大,而相对差距保持在高位,城乡经济"鸿沟"已成为限制农村地区高质量发展的主要因素。政府出台了一系列缩小城乡差距的政策,缓解了一些地区的非均衡状态,但仍有部分农村存在区域发展不协调的问题。基于此,农村地区高质量发展创新驱动的主要特征有农村地区高质量发展创新驱动的相对性、农村地区高质量发展创新驱动的阶段性、农村地区高质量发展创新驱动的持续性、农村地区高质量发展创新驱动的有效性四个方面。

第三,本章研究认为,农村地区高质量发展创新驱动的实现机制,由动力系统、条件系统、过程系统和调控系统组成,各系统之间相互影响、相互作用,从而实现农业竞争优势的整合、协同及溢出,推动农业现代化发展。其中,农村地区高质量发展创新驱动的动力系统分为外部动力系统和内部动力系统两个部分,外部动力系统包括:区域竞争驱动、科技创新驱动、农民增收驱动和生态环保驱动;内部动力系统包括高质量发展创新驱动文化、高质量发展创新驱动战略两方面内容。农村地区高质量发展创新驱动的条件系统包括：高质量发展创新驱动平台、知识资源、资金、制度、战略技术与产业。农村地区高质量发展创新驱动的过程系统有创新投入、创新活动、创新成果三个环节，农业要素投入通过一系列创新活动作用于不同的创新主体，产生的创新成果会由市场转化为农业经济效益和竞争力，从而实现农业增效、农民增收；同时，农村经济增长会为创新提供源源不断的动力，两者相互影响、相辅相成，最终形成了农村地区高质量发展创新驱动的过程机制。农村地区高质量发展创新驱动的调控系统包括：高质量发展创新驱动制度、高质量发展创新驱动战略和高质量发展创新驱动文化，通过调节要素资源、强化关联效应、激发创新意识等途径，使创新体系对农村地区高质量发展的驱动作用得到最大增幅。

参 考 文 献

[1] 安树军. 中国经济增长质量的创新驱动机制研究[D]. 西安: 西北大学, 2019.

[2] 唐未兵, 傅元海, 王展祥. 技术创新、技术引进与经济增长方式转变[J]. 经济研究, 2014, 49(7): 31-43.

[3] 王玉民, 刘海波, 靳宗振, 等. 创新驱动发展战略的实施策略研究[J]. 中国软科学, 2016, (4): 1-12.

[4] 任保平, 文丰安. 新时代中国高质量发展的判断标准、决定因素与实现途径[J]. 改革, 2018, (4): 5-16.

[5] 袁小慧, 孟芊汝, 范金.中国高技术产业高质量发展: 动力机制与实证检验[J]. 江海学刊, 2020, (4): 88-94, 254.

[6] 夏天. 创新驱动过程的阶段特征及其对创新型城市建设的启示[J]. 科学学与科学技术管理, 2010, 31(2): 124-129.

[7] 任保平, 郭晗. 经济发展方式转变的创新驱动机制[J]. 学术研究, 2013, (2): 69-75, 159.

[8] 陈曦. 创新驱动发展战略的路径选择[J]. 经济问题, 2013, (3): 42-45.

[9] 杨成章. 西部贫困山区新农村建设研究: 基于建设模式及其发展要素的视角[D]. 成都: 西南财经大学, 2010.

[10] 王胜利, 樊悦. 论数据生产要素对经济增长的贡献[J]. 上海经济研究, 2020, 32(7): 32-39, 117.

[11] 张治河, 郭星, 易兰. 经济高质量发展的创新驱动机制[J]. 西安交通大学学报(社会科学版), 2019, 39(6): 39-46.

[12] 许振乾. 我国西部省份经济高质量发展水平测度与差异性研究[D]. 乌鲁木齐: 新疆大学, 2020.

[13] 孙冬. 从"高速增长"到"高质量发展": 中国经济发展路径转向研究[D]. 长春: 吉林大

学, 2019.

[14] 马茹, 罗晖, 王宏伟, 等. 中国区域经济高质量发展评价指标体系及测度研究[J]. 中国软
科学, 2019, (7): 60-67.

[15] 钟钰. 向高质量发展阶段迈进的农业发展导向[J]. 中州学刊, 2018, (5): 40-44.

[16] 杜志雄. 充分认识产业发展规律 促进乡村产业健康发展[J]. 中国发展观察, 2020, (S2):
14-17.

[17] 杜志雄, 罗千峰, 杨鑫.农业高质量发展的内涵特征、发展困境与实现路径: 一个文献综述[J].
农业农村部管理干部学院学报, 2021, 12(4): 14-25.

[18] 王瑞峰. 乡村产业高质量发展的内涵特征、影响因素及实现路径: 基于全国乡村产业高质
量发展 "十大典型" 案例研究[J]. 经济体制改革, 2022, (1): 73-81.

[19] 刘涛, 周红瑞. 农村高质量发展的区域差异与动态演进[J]. 华南农业大学学报(社会科学
版), 2022, 21(6): 1-11.

[20] 谢小芹.以共同富裕引导乡村振兴: 时代内涵、关键内容与路径创新[J]. 东北农业大学学报
(社会科学版), 2022, 20(4): 10-19.

[21] 严宇珺, 龚晓莺.新发展格局助推乡村振兴: 内涵、依据与路径[J]. 当代经济管理, 2022,
44(7): 57-63.

[22] 袁晓玲, 李彩娟, 李朝鹏. 中国经济高质量发展研究现状、困惑与展望[J]. 西安交通大学学
报(社会科学版), 2019, 39(6): 30-38.

[23] 魏敏, 李书昊. 新时代中国经济高质量发展水平的测度研究[J]. 数量经济技术经济研究,
2018, 35(11): 3-20.

[24] 李峰峰. 创新驱动高质量发展的运行机理及实证研究: 以京津冀为例[D]. 石家庄: 河北经
贸大学, 2021.

[25] 李黎明, 谢子春, 梁毅劼.创新驱动发展评价指标体系研究[J]. 科技管理研究, 2019, 39(5):
59-69.

[26] 孙艺璇, 程钰, 刘娜. 中国经济高质量发展时空演变及其科技创新驱动机制[J]. 资源科学,
2021, 43(1): 82-93.

[27] 白俊红, 王林东. 创新驱动是否促进了经济增长质量的提升?[J]. 科学学研究, 2016, 34(11):
1725-1735.

[28] 霍国庆, 杨阳, 张古鹏. 新常态背景下中国区域创新驱动发展理论模型的构建研究[J]. 科
学学与科学技术管理, 2017, 38(6): 77-93.

[29] 刘松. 区域农业竞争优势的培植与发展研究综述[J]. 湖北农业科学, 2012, 51(4): 664-669.

[30] 汪欢欢. 城乡融合视阈下我国农村经济发展的战略走向及其实现[J]. 农业经济, 2019, (12):
6-8.

[31] 吴海霞, 刘爽, 陈凡, 等. 新时代农业科技现代化的内涵特征及实现路径[J]. 中国科技论
坛, 2022, (11): 155-162.

[32] 严倩, 夏从亚. 乡村振兴战略背景下西部地区农民稳步增收的困境与对策[J]. 原生态民族

文化学刊, 2022, 14(6): 64-73, 154.

[33] 李培峰.新时代文化产业高质量发展：内涵、动力、效用和路径研究[J]. 重庆社会科学, 2019, (12): 113-123.

[34] 田真平, 谢印成.创新驱动下我国农村产业融合演进机理研究[J]. 长白学刊, 2020, (3): 104-111.

[35] 夏显力, 陈哲, 张慧利, 等. 农业高质量发展：数字赋能与实现路径[J]. 中国农村经济, 2019, (12): 2-15.

[36] 姬志恒. 中国农业农村高质量发展的空间差异及驱动机制[J]. 数量经济技术经济研究, 2021, 38(12): 25-44.

[37] 杨建利, 郑文凌, 邢娇阳, 等. 数字技术赋能农业高质量发展[J]. 上海经济研究, 2021, (7): 81-90, 104.

[38] 王瑞峰.乡村产业高质量发展的内涵特征、影响因素及实现路径：基于全国乡村产业高质量发展"十大典型"案例研究[J]. 经济体制改革, 2022, (1): 73-81.

[39] 高强, 曾恒源."十四五"时期农业农村现代化的战略重点与政策取向[J]. 中州学刊, 2020, (12): 1-8.

第四章　西部农村地区高质量发展创新驱动影响因素及评价体系构建研究

高质量发展是国民经济系统从量到质的本质性演变,是由系统中的诸多因素共同作用、综合推动的结果,需要通过强化该系统中具有相互关系和内在联系的各个环节、各个层面、各个领域的交互作用,推动系统的升级和跃进。因此,对西部农村地区高质量发展创新驱动进行水平测评与综合分析,能够有助于厘清西部农村地区高质量发展创新驱动的影响因素,为构建西部农村地区高质量发展的创新驱动机制提供依据和支撑。

第一节　西部农村地区高质量发展水平测评与综合分析

一、西部农村地区高质量发展评价维度

(一)经济水平

西部农村地区高质量发展首要评价维度是经济水平,经济水平决定农村地区在多大程度上消减相对贫困,走向高质量发展的道路。在具体的维度指标上,主要包括:一是农村居民收入水平。居民收入水平衡量一个地区人民生活富裕程度,是经济发展水平重要的表征之一。通过观察收入水平,我们可以掌握农村地区经济发展的趋势和特征,原因在于经济发展的本质是要实现居民收入增长,只有收入水平不断提高,才意味着农村居民不断致富增收。一个地区经济发展水平高低,很大程度上可以从居民收入变化中反映出来,因此本书选择西部农村地区人均可支配收入来表征居民收入水平。二是非农产业发展。实施乡村振兴战略是促进农村地区高质量发展的必要途径,乡村振兴的首要任务是要实现农村地区产业兴旺,重点在于优化农村产业结构,不断扩大第二、三产业比重,进而促进农村第一、二、三产业融合发展,扩大就业规模,拓宽农村居民收入来源。非农产业发展的好坏关系直接关系到农村经济能否实现可持续健康发展,是反映农村地区高质量

发展的重要指标条件，本书通过观察农村居民工资性收入占人均可支配收入的比重来进行观测。三是脱贫人群。农村地区高质量发展的根本在于贫困人口的不断消减，只有处于绝对贫困线以下的农村居民减少，才谈得上高质量发展，考虑到数据可得性问题，本书选择农村相对贫困发生率来表示脱贫人群这个指标，需要注意的是，该指标属于负向化指标，农村相对贫困发生率越低，脱贫人群数量越多，经济水平越好。

（二）生活质量

西部农村地区高质量发展评价维度需要考虑农村居民生活质量，从本质上看，高质量发展的根本目的在于实现人的全面发展，共享改革开放带来的成果，只有满足人民日益增长的美好生活需要，才能真正实现农村地区高质量发展。在具体的维度指标上，主要包括两个方面：一方面是恩格尔系数。农村居民日益增长的物质需要对于商品需求具有层次性。消费者需求理论表明，按照消费者对商品的收入需求弹性强度，商品可以划分为高档品、正常品和低档品等，对于农村地区高质量发展而言，只有农村居民消费高档品的数量不断增加，才算真正实现高质量发展。在衡量农村居民消费结构的指标中，恩格尔系数能够较为客观地反映农村居民高层次商品的消费情况，较好地表示农村地区高质量发展的水平。另一方面是住房质量，现阶段农村地区住房质量与以往相比有了较大的进步，作为农村居民重要保障之一的住房安全保障，关系到农村居民生活财产安全，是反映农村居民生活质量的基础性指标之一。近年来各级政府投入较多资金用于农村地区危房改造，目的就是要确保农村居民能够享有安全、舒适的居住条件，这也是农村地区居民对高质量发展后生活的向往。对此，考虑到数据可得性问题，本书选择居住竹草土坯房的农户比重这个逆向化指标来反映农村地区住房质量，居住在竹草土坯房的农户比重越低，越说明农村地区高质量发展取得明显成效。

（三）公共服务

西部农村地区高质量发展评价维度需要考察农村居民对于公共服务的基本需求是否得到满足，公共服务覆盖面的大小是区别城镇与农村，以及相对贫困和非贫困地区的重要参考指标，通过观察农村居民享受公共服务的状况，我们能够了解和掌握农村地区高质量发展的成效。在具体指标选择上，主要有：一是医疗条件。随着中国经济的快速发展，居民的平均寿命在不断地增加，背后的重要支撑就是日益完善的医疗卫生设施。对于农村地区而言，与其他地区的差距主要就体现在医疗条件上面。农村地区居民的身体健康能否得到保障，关系到该地区劳动生产力的高低，影响到农村的经济发展，而保证居民健康生活的重要条件，就是看是否拥有卫生站这种基础医疗服务机构，对此，本书选择所在自然村有卫生站的农户比重来刻画农村地区医疗条件的好坏。二是基础教育。在经济高质量发展过程中，作为关键投入要素的人力资本发挥着日益重要的作用，特别是在人工智能等技术快速发展的背景下，迫切要求提高劳动力的综合素质。对于农村地区高质量发展而言，劳动力的综合素质提升是重要保障，而能够确保劳动力素质持续提高的关键因素则是农村地区的基础教育水平。基础教育水平在很大程度上决定了农村地区是否能够得到足够多的高素质劳动力从事生产发展，是衡量该地区高质量发展的重要指标。对此，本书通过所在自然村上小学便利的农户比重来反映农村地区基础教育的发展水平。三是公共交通。经济高质量发展的一个主要特征之一在于要素能否顺利流动，关键在于劳动力流动是否顺畅，这既取决于制度约束，又与公共交通这类设施约束息息相关。便利的公共交通有助于劳动力的流动，及时配置到最能发挥劳动力作用的工作岗位上去，这与农村地区公共交通发展密不可分。由此可见，公共交通发展程度反映农村地区公共服务发展状况，能够衡量该地区高质量发展的好坏。对比，本书选择所在自然村能乘坐公共汽车便利的农户比重作为公共交通发展程度的衡量指标。

（四）基础设施

西部农村地区高质量发展评价维度须包含基础设施建设和发展情况，基础设施建设的好坏关系到农村地区居民的生产和生活，只有建设完备的基础设施，才能够实现真正的高质量发展，而通过基础设施建设状况，可以较好地反映西部农村地区高质量发展。在具体指标的选择上，主要有：一是生活用水。长期以来，制约农业农村发展的关键因素之一就是用水能否得到保障，原因在于从事农业生产经营活动离不开水资源，同时水资源又是农村居民生活的必要条件之一。如果没有完备的生活用水保障，则无法保障人们基本的生产和生活需要。现阶段，除需要保证农村居民用水数量之外，用水质量也是一个重要的衡量指标，优质的水质有利于农村居民的健康发展。对此，本书选择使用经过净化处理自来水的农户比重来衡量生活用水这个指标，反映农村地区高质量发展中的基础设施建设。二是道路建设。农村三次产业发展均需要依靠道路基础设施的建设，这关系到产品运输、生产资料运送以及乡村旅游客源等方方面面。良好的道路设施建设可以极大地促进农业农村经济的快速发展，反之，缺乏必要的路面硬化则会对农村地区发展形成巨大的阻碍。道路建设可以反映出农村地区高质量发展的潜力。因而，本书通过所在自然村进村主干道路硬化的农户比重来对道路设施建设进行量化衡量。三是信息化程度。当前信息资源已成为一种重要的生产投入要素，如何有效衔接小农户与大市场，则主要依靠信息化发展来引领和带动农户生产经营向现代化方向迈进。不仅如此，信息化水平还关系到农村居民的生活质量，是满足日益增长的精神文化需要的重要保障。总之，信息资源与农村居民生产和生活息息相关，是衡量农村地区高质量发展的重要指标。鉴于此，本书选择所在自然村通宽带的农户比重来刻画农村地区信息化程度。

（五）绿色发展

西部农村地区高质量发展评价维度应当包含绿色发展的具体内容，习近平提出的"绿水青山就是金山银山"理念[①]，是引领农村地区高质量发展的重要战略思想，因而，衡量农村地区高质量发展，需要包含绿色发展这个关键方面。在具体指标选择上，主要包含两个方面：一方面是卫生设施。自新农村建设以来，农村地区"厕所革命"一直是一项重要的工作，这不仅是农村居民生活质量的反映，也是保证农村地区人居环境的重要指标。只有健全的卫生设施，才能够确保农村地区环境不被居民生活所影响。对此，考虑到数据的可得性，本书选择独用厕所的农户比重来反映农村地区卫生设施发展水平。另一方面是垃圾处理。农村居民日常生产和生活活动中，不免产生大量的垃圾，如果任由垃圾随意处置，则会对农村地区生态环境产生较大的负面影响。农村地区想要实现高质量发展，必须保障生态环境免受固体废物和垃圾的污染，只有将垃圾集中清理和处置，才能最大限度地保证生态环境不遭受破坏。因此，本书选择所在自然村垃圾能集中处理的农户比重来衡量农村地区高质量发展中绿色发展水平的高低。

综合以上经济水平、生活质量、公共服务、基础设施和绿色发展五个维度，构建包含13个具体指标的西部农村地区高质量发展评价指标体系，如表4-1所示。

表4-1　农村地区高质量发展评价指标体系

维度指标	具体指标	指标度量方式	指标属性
经济水平	居民收入水平	农村居民人均可支配收入，单位：元	正向
	非农产业发展	农村居民工资性收入/人均可支配收入，单位：%	正向
	脱贫人群	农村相对贫困发生率，单位：%	负向
生活质量	恩格尔系数	农村居民食品支出/人均消费支出，单位：%	负向
	住房质量	居住竹草土坯房的农户比重，单位：%	负向
公共服务	医疗条件	所在自然村有卫生站的农户比重，单位：%	正向
	基础教育	所在自然村上小学便利的农户比重，单位：%	正向
	公共交通	所在自然村乘坐公共汽车便利的农户比重，单位：%	正向

---

① 点亮浙江发展最动人的色彩（总书记的能源足迹），http://paper.people.com.cn/zgnybwap/html/2024-06/24/content_26066519.htm。

续表

维度指标	具体指标	指标度量方式	指标属性
基础设施	生活用水	使用经过净化处理自来水的农户比重，单位：%	正向
	道路建设	所在自然村进村主干道路硬化的农户比重，单位：%	正向
	信息化程度	所在自然村通宽带的农户比重，单位：%	正向
绿色发展	卫生设施	独用厕所的农户比重，单位：%	正向
	垃圾处理	所在自然村垃圾能集中处理的农户比重，单位：%	正向

二、西部农村地区高质量发展量化测度

对 2015~2019 年西部农村地区高质量发展进行量化测度，实质是要将经济水平、生活质量、公共服务、基础设施、绿色发展五个维度共计 13 个具体指标，整合为一个可以反映农村地区高质量发展的综合性指标。在此过程中，涉及的主要问题一是如何确定每个具体指标在综合指标中的权重，二是要怎样合理反映每个农村地区高质量发展的好坏。

鉴于此，本书运用 EM-TOPSIS 评价方法对西部农村地区高质量发展进行综合评价，采用熵权法（entropy method，EM）确定指标权重，结合 TOPSIS 法（technique for order preference by similarity to an ideal solution，优劣解距离法），通过测算评价地区的指标与指标最理想状态的相对贴近程度，得到每个西部省（区、市）农村地区高质量发展指数。

（一）指标权重计算

熵权法评价的基本原理是根据同一指标在不同样本中的差异程度，来确定各个指标的权重大小。如果某个指标在考察样本之间的差距较大，则说明这个指标能够提供的信息量较大，权重越大；反之，如果某个指标在考察样本之间的差距较小，则说明这个指标能够提供的信息量较小，权重越低。具体实施步骤如下。

第一步，对原始数据指标进行标准化处理。由于评价西部农村地区具体指标的量纲具有明显差异，需要消除量纲的影响，同时，评价指标体系中既有正向化指标，又有负向化指标，须使指标具有一致性和可比性。为此，需要对原始数据指标进行标准化处理。对于正向化指标，进行如下计算：

$$Z_{itj} = \frac{X_{itj} - \min(X_j)}{\max(X_j) - \min(X_j)} \tag{4-1}$$

其中，Z_{itj} 表示 i 地区 t 时期第 j 个指标的正向标准化值；X_{itj} 表示 i 地区 t 时期第 j 个指标的原始值。$\max(X_j)$ 和 $\min(X_j)$ 分别表示在 i 地区和 t 时期组成的样本中第 j 个指标的最大值和最小值。

同理，对于负向化指标，可进行如下计算：

$$Z_{itj} = \frac{\max(X_j) - X_{itj}}{\max(X_j) - \min(X_j)} \quad (4-2)$$

第二步，计算指标的信息熵。按照如下公式计算西部农村地区高质量发展各个具体指标的信息熵：

$$E_j = -\frac{1}{\ln(N \times T)} \sum_{t=1}^{T} \sum_{i=1}^{N} \left(\frac{Z_{itj}}{\sum_{t=1}^{T} \sum_{i=1}^{N} Z_{itj}} \ln \frac{Z_{itj}}{\sum_{t=1}^{T} \sum_{i=1}^{N} Z_{itj}} \right) \quad (4-3)$$

其中，E_j 表示第 j 个指标的信息熵；N 和 T 分别表示参与评价的地区个数、时间个数和指标个数。特别地，若 $Z_{itj} = 0$，定义 $\left(Z_{itj} \Big/ \sum_{t=1}^{T} \sum_{i=1}^{N} Z_{itj} \right) \ln \left(Z_{itj} \Big/ \sum_{t=1}^{T} \sum_{i=1}^{N} Z_{itj} \right)$ $= 0$。

第三步，计算指标的权重。运用信息熵数据，通过以下公式计算指标权重：

$$W_j = \frac{1 - E_j}{\sum_{j=1}^{M} (1 - E_j)} \quad (4-4)$$

其中，W_j 表示西部农村地区第 j 个指标的权重；M 表示参与评价的地区个数。

（二）综合评价计算

根据各个指标的权重值，运用 TOPSIS 方法计算西部农村地区高质量发展综合评价值，主要分为两个步骤。

第一步，分别计算所评价的地区各项指标到最优解和最劣解的相对程度。通过以下公式计算地区时期指标到最优解和最劣解的欧式距离：

$$d_{it}^+ = \sqrt{\sum_{j=1}^{M} W_j \left(Z_{itj} - Z_{itj}^+ \right)^2} \quad (4-5)$$

$$d_{it}^- = \sqrt{\sum_{j=1}^{M} W_j \left(Z_{itj} - Z_{itj}^- \right)^2} \quad (4-6)$$

其中，d_{it}^+ 和 d_{it}^- 分别表示地区时期农村地区高质量发展距离最优解和最劣解的相对距离；Z_{itj}^+ 和 Z_{itj}^- 分别表示指标的最大值和最小值。

第二步，计算农村地区高质量发展水平。各地区指标与最优解的距离越小越好，与最劣解的距离越远越好，按照上述原则，通过如下公式可以计算农村地区高质量发展水平：

$$D_{it} = \frac{d_{it}^-}{d_{it}^+ + d_{it}^-} \qquad (4\text{-}7)$$

其中，D_{it} 表示 i 地区 t 时期农村地区高质量发展水平，取值范围在 0 到 1 之间，数值越大，表明该区域农村地区高质量发展水平越高。为了后续便于展开分析，将计算得到的 D_{it} 均乘以 100，转化为指数形式。

$$\text{dev}_{it} = 100 \times D_{it} \qquad (4\text{-}8)$$

其中，dev_{it} 表示地区时期农村地区高质量发展指数。

（三）数据来源及说明

按照前述设计的西部农村地区高质量发展指标评价体系，涵盖的评价维度较广，数据获取难度较大，为保障数据的一致性、可比性和可得性，本书对此研究的时间跨度为 2015~2019 年，研究的区域范围是西部的 12 省（区、市），包括：内蒙古、广西、重庆、四川、贵州、云南、西藏、陕西、甘肃、青海、宁夏、新疆。同时，为了考察西部农村地区高质量发展与东、中部地区的差距，在研究中加入河北、山西、吉林、黑龙江、安徽、江西、河南、湖北、湖南、海南这 10 个省份农村数据进行分析。本书此次研究的数据均来源于历年《中国农村贫困监测报告》，缺失数据通过线性插值法进行补齐。涉及物价水平的数据，如农村居民人均可支配收入，运用各个省（区、市）历年 CPI（consumer price index，消费价格指数），折算为 2015 年为基期的不变价格数据。各个评价指标原始数据的统计信息如表 4-2 所示。

表 4-2　农村地区高质量发展评价原始数据描述性统计

具体指标	指标度量方式	均值	标准差	最大值	最小值
居民收入水平	农村居民人均可支配收入，单位：元	7985.19	915.78	9822.78	5782.00
非农产业发展	农村居民工资性收入	32.70%	9.33%	50.07%	9.87%
脱贫人群	农村相对贫困发生率	7.08%	4.64%	18.60%	0.55%
恩格尔系数	农村居民食品支出/人均消费支出	33.79%	5.19%	52.19%	25.51%
住房质量	居住竹草土坯房的农户比重	4.17%	4.62%	19.40%	0
医疗条件	所在自然村有卫生站的农户比重	92.92%	5.56%	100.00%	73.00%
基础教育	所在自然村上小学便利的农户比重	81.42%	16.86%	99.30%	25.30%
公共交通	所在自然村乘坐公共汽车便利的农户比重	69.17%	15.50%	96.00%	29.10%
生活用水	使用经过净化处理自来水的农户比重	50.79%	18.37%	99.40%	18.40%
道路建设	所在自然村进村主干道路硬化的农户比重	93.82%	10.06%	100.00%	55.00%

续表

具体指标	指标度量方式	均值	标准差	最大值	最小值
信息化程度	所在自然村能接收有线电视信号的农户比重	80.11%	20.26%	100.00%	8.50%
卫生设施	独用厕所的农户比重	92.92%	5.56%	100.00%	73.00%
垃圾处理	所在自然村垃圾能集中处理的农户比重	62.57%	21.37%	98.60%	6.13%

三、西部农村地区高质量发展演进趋势

根据西部 12 省（区、市）农村地区 2015～2019 年的统计数据，运用熵权法和 TOPSIS 法计算得到西部农村地区高质量发展指数，以及经济水平、生活质量、公共服务、基础设施和绿色发展五个维度发展指数，进而考察西部农村地区高质量发展演进趋势。

（一）总体演进趋势

西部农村地区持续向前发展，高质量发展水平稳步提高。如图 4-1 所示，2015～2019 年西部 12 省（区、市）农村地区高质量发展指数均值不断提高，2019 年高质量发展指数均值达到 77.22，相比 2015 年的 44.38，是 2015 年高质量发展指数的约 1.74 倍，表明经历"十三五"时期的脱贫攻坚工作，西部农村地区发展质量有了明显改善。西部农村地区高质量发展水平快速提升，具有多方面的重要意义。

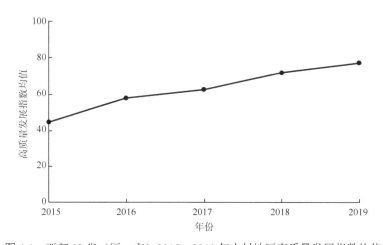

图 4-1　西部 12 省（区、市）2015～2019 年农村地区高质量发展指数均值

具体而言：一是巩固西部农村地区脱贫攻坚成果。"十三五"时期西部农村地区高质量发展水平的提升，为"十四五"时期工作重心由消除绝对贫困向消减相

对贫困转变奠定了良好基础，有助于巩固当前脱贫攻坚成果，有效阻断农村居民返贫现象的发生，进一步缩小区域之间发展差距，提高相对贫困户的生活质量。二是推动西部农村地区乡村振兴战略实施。西部农村地区发展质量的提高，改善了乡村振兴战略实施的外部条件，为激活农村地区产业发展能力，优化产业结构提供了重要支撑，有利于农村地区脱贫攻坚后的产业发展，增强农村地区"造血"能力，朝着乡村振兴既定目标迈进。三是助力西部地区高质量发展。新时代西部大开发的重要任务之一就是要不断推动高质量发展，相较于城市而言，农村是高质量发展的"短板"，因而农村地区高质量发展水平的提高，能够及时弥补高质量发展的"短板"，促进西部地区高质量发展持续推进。

（二）分维度发展比较

西部农村地区经济水平、生活质量、公共服务、基础设施、绿色发展均有不同程度的提升，共同助推发展质量的提高。如图 4-2 所示，2015～2019 年西部农村地区高质量发展不同维度指数均有明显提高，其中，基础设施建设水平提高最为显著，2019 年基础设施指数达到 75.19，是 2015 年的 2.30 倍，经济水平指数和绿色发展指数在 2019 年分别达到 70.19 和 83.04，分别是 2015 年的 1.67 倍和 1.68倍，生活质量指数和公共服务指数提升幅度略小，2019 年分别为 85.75 和 79.20，

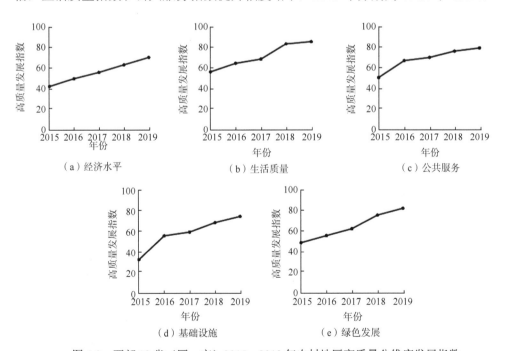

图 4-2　西部 12 省（区、市）2015～2019 年农村地区高质量分维度发展指数

分别是 2015 年的 1.53 倍和 1.57 倍。西部农村地区不同维度发展水平的提高，对于脱贫攻坚后农村居民生产和生活条件的持续改善具有重要意义。

具体而言，一是经济水平提高意味着农村居民收入增长具有巨大潜力。随着 2020 年绝对贫困人群实现脱贫，农村地区居民收入基本实现保障，人均可支配收入得到快速提高，如重庆贫困地区农村居民人均可支配收入在 2019 年已达到 13 832 元，同时，工资性收入比重的不断提高，反映出西部农村地区产业结构从单一的传统农业向多元化的农产品加工业、乡村旅游业等二、三产业转变，如陕西农村地区居民来源于工资性收入的比例在 2019 年已达到 43.66%。二是生活质量和公共服务水平的提高有效解决了农村居民的"两不愁三保障"问题。西部农村地区农村居民消费日趋多元，逐渐从过去的单纯食物、衣着等低端消费转向娱乐、教育和医疗等高端服务消费，生活质量得到明显改善，2019 年西部 12 省（区、市）农村居民恩格尔系数均在 40% 以下，最低的陕西恩格尔系数只有 26.87%。农村居民住房质量有了显著提升，基本实现住房安全保障，2019 年西部 12 省（区、市）居住竹草土坯房的农户比重均下降至 4% 以下。与此同时，西部农村地区居民教育和医疗也得到有效保障，2019 年西部 12 省（区、市）所在自然村有卫生站的农户比重除西藏外，均达到 95% 左右，所在自然村上小学便利的农户比重均达到 80% 以上。三是基础设施的完善有利于提高居民生活便利程度。西部农村地区基础设施日趋完善。除西藏外，2019 年西部 12 省（区、市）通宽带的农户比重均达到 85% 以上，农村居民信息化程度显著增强，2019 年西部 12 省（区、市）所在自然村进村主干道路硬化的农户比重在 97% 以上，为农村居民生产和生活提供便利。四是绿色发展水平的提高有助于实现农村地区生态宜居。2019 年西部 12 省（区、市）中除西藏外，其余地区独用厕所的农户比重均在 90% 以上，2019 年西部 12 省（区、市）所在自然村垃圾能集中处理的农户比重均在 75% 以上，较好地实现了生活污染物排放的有效控制，生态宜居程度进一步提升。

（三）分区域发展比较

西部 12 省（区、市）农村地区高质量发展水平均得到不同程度的提升，不同区域发展质量具有一定差距。如图 4-3 所示，2015～2019 年西部 12 省（区、市）农村地区高质量发展指数均呈现上升趋势，不同区域的高质量发展水平具有一定的差距。从高质量发展水平上看，以考察期末 2019 年数据为例，宁夏、重庆、新疆农村地区高质量发展水平排名前 3，高质量发展指数分别达到 86.80、85.68 和 85.47，西藏和云南农村地区高质量发展则较为滞后，高质量发展指数低于 70，分别是 68.22 和 67.55。

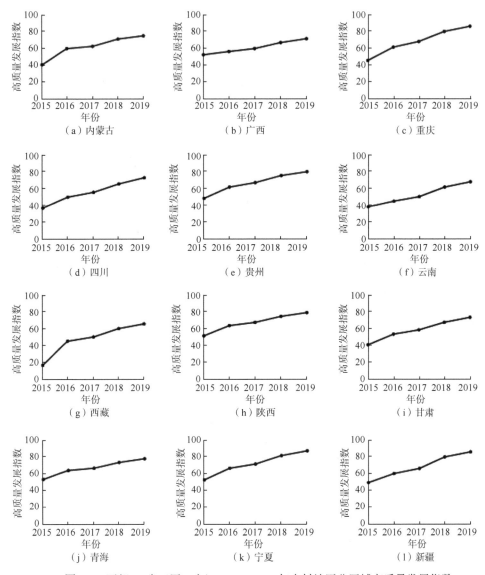

图 4-3　西部 12 省（区、市）2015～2019 年农村地区分区域高质量发展指数

　　进一步分析表明，宁夏和新疆两地农村地区饮水安全、道路设施、信息化设施、医疗服务等公共服务和基础设施评价指标在 2019 年覆盖农村居民比重基本在 90% 以上，体现出农村地区高质量发展成效显著，重庆农村地区高质量发展水平较高更多源于农村居民人均可支配收入较高，农村地区经济实力较强。西藏和云南农村地区高质量发展水平较低源于公共服务和基础设施建设相比其他区域具有差距，以 2019 年数据为例，西藏和云南农村地区使用经过净化处理自来水的农户

比重分别只有 39.40% 和 47.30%，同时，西藏和云南两地农村地区居民生活质量也与其他区域具有一定差距，如两地在 2019 年时恩格尔系数分别为 35.68% 和 34.33%，处于较高水平，反映两地农村居民消费仍以食物消费为主，生活质量水平相对较低。从高质量发展速度上看，对比考察期初 2015 年和期末 2019 年高质量发展指数，西藏农村地区高质量发展速度最快，2019 年西藏农村地区高质量发展指数是 2015 年的 3.56 倍，说明尽管西藏农村地区高质量发展在西部处于较低水平，但是发展速度却是最快，为"十四五"时期巩固脱贫攻坚成果奠定良好的基础。四川、重庆、内蒙古农村地区高质量发展也取得较快的速度，2019 年高质量发展指数分别是 2015 年的 1.97 倍、1.88 倍和 1.84 倍。广西和青海农村地区高质量发展指数增长速度较慢，2019 年高质量发展指数分别是 2015 年的 1.36 倍和 1.45 倍，亟待在"十四五"时期巩固脱贫攻坚成果。

四、西部农村地区高质量发展比较分析

21 世纪以来，随着西部大开发战略的深入实施，西部地区经济社会发展取得长足进步，这也是西部农村地区高质量发展水平在"十三五"时期不断提高的根本原因。值得注意的是，虽然西部地区得到快速发展，但与东、中部地区仍然会存在一定差距。因此，比较西部与东、中部农村地区高质量发展差距，有助于"十四五"时期明确工作重点领域，助推西部农村地区高质量发展再次迈上新台阶。通过考察西部 12 省（区、市）与东、中部 10 省（包括：河北、山西、吉林、黑龙江、安徽、江西、河南、湖北、湖南、海南）农村地区高质量发展指数，以及经济水平、生活质量、公共服务、基础设施和绿色发展五个维度指数的平均水平，比较西部与东、中部农村地区高质量发展差距。

（一）高质量发展整体对比

西部农村地区高质量发展水平低于东、中部地区，高质量发展差距在逐步缩小。如图 4-4 所示，2015～2019 年，西部农村地区高质量发展指数均低于东、中部地区，2019 年西部农村地区高质量发展指数为 77.22，落后于东、中部地区的 81.54，表明尽管西部农村地区高质量发展取得长足进步，但是和东、中部地区相比还存在一定的差距。不过，虽然当前西部农村地区与东、中部地区存在差距，但是这种差距在 2015～2019 年不断缩小，2019 年西部农村地区高质量发展指数是 2015 年的 1.74 倍，而东、中地区 2019 年数据只是 2015 年的 1.59 倍，2015 年东、中部农村地区高质量发展指数比西部高 6.73，2019 年这个指数差距减少到 4.32。因此，需要在"十四五"时期加大农村地区开发力度，进一步缩小与东、

中部的差距。

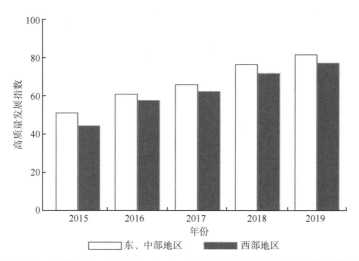

图 4-4　西部与东、中部 2015～2019 年农村地区高质量发展指数比较

（二）分维度发展指数对比

西部农村地区高质量发展与东、中部地区的差距主要在基础设施和经济水平上，在公共服务和绿色发展上差距较小，生活质量水平基本相同。如图 4-5 所示，2015～2019 年西部农村地区基础设施和经济水平指数始终与东、中部地区具有差距，2019 年西部农村地区基础设施指数为 75.19，比东、中部低 6.54，经济水平指数为 70.19，低于东、中部地区的 75.00，表明西部农村地区在基础设施和经济水平上与东、中部存在较大的差距，在新时代西部大开发战略实施过程中，巩固西部农村地区脱贫攻坚成果，首要任务在于补齐西部农村地区基础设施建设短板，同时，要重视和提高西部农村地区经济发展活力，弥补与东、中部地区的发展差距。通过图 4-5 可以看出，2015～2019 年西部农村地区公共服务 2015～2017 年差距不大，在 2018～2019 年公共服务和绿色发展水平有产生差距，2019 年西部农村地区公共服务指数为 79.20，低于东、中部地区的 83.63，指数差距为 4.43，西部农村地区绿色发展指数为 83.04，低于东、中部地区的 86.49，指数差距为 3.45，表明西部农村地区在公共服务和绿色发展上与东、中部相比差距有扩大趋势，亟待在"十四五"时期强化西部农村地区公共服务供给和绿色发展水平的提高。从图 4-5 反映情况看，到 2018 年西部农村地区生活质量发展指数与东、中部地区基本持平，2019 年西部农村地区生活质量指数为 85.75，与东、中部的 85.79 大致相当，说明西部农村地区生活质量基本达到与东、中部相一致的水平，需要在新时期进一步巩固这项成果。

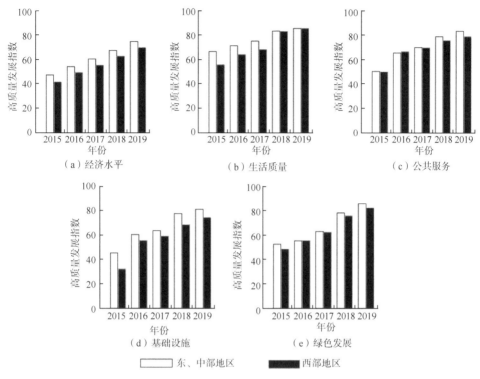

图 4-5 西部与东、中部 2015～2019 年农村地区分维度发展指数比较

第二节 西部农村地区高质量发展创新驱动实证分析

一、西部农村地区高质量发展创新驱动的实践进展

随着习近平总书记在党的十九大报告提出坚定实施乡村振兴战略[①]，"三农"问题开始成为全党工作的重中之重，农业农村问题是关系国计民生的根本性问题，在新的发展阶段，党和国家为全面推进乡村振兴战略做出了总体部署，指明了"三农"工作的开展方向。而在农村地区脱贫攻坚、乡村振兴的道路上，创新所能起到的作用是不容忽视的。2019 年 1 月 14 日，科学技术部发布《创新驱动乡村振兴发展专项规划（2018—2022 年）》的通知，文件明确指出，科技创新是质量兴农的根本动力，是提高农业竞争力的核心抓手，是促进农业农村现代化的重要途

[①] 习近平：决胜全面建成小康社会 夺取新时代中国特色社会主义伟大胜利——在中国共产党第十九次全国代表大会上的报告，https://www.gov.cn/zhuanti/2017-10/27/content_5234876.htm。

径。从发展动力上来说，以科技创新为驱动力的农业农村发展是质量型、绿色型的发展，能够促进现代农业产业体系、生产体系和经营体系的建设，使农业生产由传统粗放型转向可持续发展型；从农业竞争力上来说，科技创新将有效提高农业有效供给水平，促使科学研究转化为应用成果，使劳动生产率、土地产出率和资源利用率获得飞跃性提升，以此强化农业竞争力；从农业农村现代化来说，科技创新能够引导第一、第二和第三产业的融合，使农村地区致富的渠道由单一的农业扩展为多元化发展，更加全面地促进农村致富，构建起现代化的农业农村体系。

立足于发展方向，农业农村创新驱动发展有了一系列的举措。首先，针对农业农村领域的重大科学问题，党和国家集中优势力量，从顶层部署了基础性研究和应用基础研究的重点方向，保障食品安全、粮食安全和生态安全。例如，在生物育种等重大科学问题的研究上，系统地展开了优质种质资源形成和演化规律的研究，分析形状形成的分子机理和农作物生物细胞、组织、器官的发育调控；在经济作物的发育问题上，针对生物特征和环境影响进行调控与鉴定，钻研提升农业质量的理论与方法；在水产养殖的问题上，开展遗传基础、营养搭配与所处环境相互作用的机理研究，保障水产产出的稳定增长。其次，对农村地区实施了农业农村现代化技术创新工程的建设。农业农村现代化技术创新工程建设事关农业农村现代化的战略性发展，是突破关键性技术瓶颈的保障，在技术创新工程的建设过程中，强调农业种植的自主创新，以粮食种植、经济作物为核心，开展基因编辑、生物合成等前沿技术的研究，创造优质高效的新型品种，并进行新品种示范与成员规模的推广；在动物养殖方面，着重聚焦了动物疾病防控技术的创新，建立防疫模型与疫苗研发，开展综合防控治理示范，与此同时注重现代化牧场创新，在饲料资源、饲料养分和饲料精加工方面有了技术性的进展，并研发智能大数据管理与废料利用等高新技术；在水产养殖方面，开展了现代化海洋牧场的构建，创新精准探测、友好捕捞与质量控制相关的技术研究；在乡村生活方面，提倡绿色宜居型村镇的建设，重点针对饮用水水质、污水处理、生活垃圾处理和清洁能源使用等进行技术研究，提升乡村环境质量，推动生态、生活与生产的共同进步；最后，加强农业农村人才培养。乡村振兴实施主体的科技素养至关重要，乡村人才培育行动将为农业农村高质量发展提供动力源。

二、科技创新对西部农村地区高质量发展影响效应

基于西部农村地区高质量发展创新驱动过往实践的分析，本书发现科技创新对于驱动农村地区高质量发展具有重要意义，有必要在刻画西部农村地区高质量

发展水平的基础上，进一步实证分析科技创新对于西部农村地区高质量发展的影响效应。

（一）实证模型设计

考虑到前述分析得到的西部 12 省（区、市）在 2015～2019 年农村地区高质量发展指数既包含了空间维度的差异，又反映时间维度的变化，因而本书建立面板回归模型分析科技创新对于西部农村地区高质量发展的影响效应。同时，鉴于西部 12 省（区、市）经济社会发展存在一定差距，可能有一些影响农村地区高质量发展而又不易观察到的变量，因而建立包含个体效应的面板模型：

$$\mathrm{dev}_{it} = \alpha \mathrm{tec}_{it} + \beta_j \sum \mathrm{con}_{itj} + \mu_i + \varepsilon_{it} \qquad (4\text{-}9)$$

其中，i 和 t 分别表示地区和时间；dev_{it} 表示 i 地区 t 时期农村地区高质量发展指数；tec_{it} 表示 i 地区 t 时期科技创新水平；con_{itj} 表示 i 地区 t 时期的 j 个控制变量，表示影响农村地区高质量发展的其他因素；待估参数 α 表示科技创新对西部农村地区高质量发展的影响效应；β_j 表示 j 个控制变量的影响效应；μ_i 表示西部 12 省（区、市）个体异质性的截距项，反映各个省（区、市）经济社会发展中一些影响农村地区高质量发展的，不随时间变化的因素；ε_{it} 表示模型的随机扰动项。

对于式（4-9）的估计，如果 μ_i 与 tec_{it} 或者任意一个控制变量相关，则应该使用固定效应模型，如果 μ_i 与 tec_{it} 或者任意一个控制变量都不相关，则应该使用随机效应模型。通过 Hausman（豪斯曼）检验来进行判断，该检验的原假设为"μ_i 与 tec_{it}、任意一个 con_{itj} 不相关"，如果得到的 Hausman 检验统计量大于临界值，则拒绝原假设，选择固定效应模型，反之，如果得到的 Hausman 检验统计量小于临界值，则接受原假设，选择随机效应模型。

同理，为进一步考察科技创新对西部农村地区高质量发展不同维度的影响效应，本书分别构建包含个体效应的面板模型进行实证分析：

$$\begin{cases} \mathrm{eco}_{it} = \alpha \mathrm{tec}_{it} + \beta_j \sum \mathrm{con}_{itj} + \mu_i + \varepsilon_{it} \\ \mathrm{lif}_{it} = \alpha \mathrm{tec}_{it} + \beta_j \sum \mathrm{con}_{itj} + \mu_i + \varepsilon_{it} \\ \mathrm{ser}_{it} = \alpha \mathrm{tec}_{it} + \beta_j \sum \mathrm{con}_{itj} + \mu_i + \varepsilon_{it} \\ \mathrm{inf}_{it} = \alpha \mathrm{tec}_{it} + \beta_j \sum \mathrm{con}_{itj} + \mu_i + \varepsilon_{it} \\ \mathrm{gre}_{it} = \alpha \mathrm{tec}_{it} + \beta_j \sum \mathrm{con}_{itj} + \mu_i + \varepsilon_{it} \end{cases} \qquad (4\text{-}10)$$

其中，eco_{it}、lif_{it}、ser_{it}、inf_{it} 和 gre_{it} 分别表示 i 地区 t 时期农村地区经济水平指数、生活质量指数、公共服务指数、基础设施指数和绿色发展指数。

（二）变量选择说明

对于被解释变量 dev、eco、lif、ser、inf 和 gre，已在前述西部农村地区高质量发展指数分析中进行详尽叙述，在此不再赘述，实证分析中各个被解释变量进行取对数处理。

对于解释变量 tec，选择国内专利申请授权量（单位：件）来进行反映，原因在于该指标可以较好地表示不同地区科技创新水平。具体而言：首先，国内专利申请授权量是一个地区科技研发能力的主要体现，专利申请和授权需要经过主管部门严格的审查，是对技术研发成果的一种肯定性评价，通常情况下，技术研发成果越多的地区，科技创新水平就越高。其次，农村地区高质量发展重要动力来源之一就是技术创新在农业生产领域的运用，农用机械、土壤改良、病虫害防治等农业生产活动，以及农村基础设施和公共服务供给都离不开高技术专利的运用。最后，每项专利申请授权都有统一编码和标识，该指标便于统计部门统计，且不易出现偏误，是较为准确的统计指标，通过选择国内专利申请授权量可以较为客观地反映各个地区科技创新水平的差异。实证分析中，取对数进行测算。

对于控制变量 con，分别选择资产投资 inv、政府投入 gov、劳动力规模 lab、人力资本 hum 来进行实证分析。

具体而言：一是从发展经济学角度看，西部农村地区高质量发展离不开资本的投入，须考虑资产投资对于农村地区高质量发展的影响，选择农林牧渔业固定资产投资来反映资产投资水平（单位：亿元），实证分析中取对数进行测算；二是西部农村地区高质量有赖于政府投入的支持，通过政府发挥转移支付的职能，运用财政手段直接促进农村地区经济社会发展，选择地方财政农林水事务支出来进行反映（单位：亿元），实证分析中，取对数进行测算；三是劳动力作为促进经济增长的主要要素，在西部农村地区高质量发展中肯定发挥一定的作用，需要考虑劳动力数量的影响效应，选择乡村个体就业人数来进行衡量（单位：万人），实证分析中取对数进行测算；四是人力资本在经济社会发展中的重要性越来越强，高素质农村居民对于西部农村地区高质量发展而言具有重要作用，选择六岁及以上人口中高中学历及以上比例来进行量化。

（三）数据来源及说明

测度科技创新对西部农村地区高质量发展影响效应的数据涵盖的时间维度是2015～2019年，地域范围包括内蒙古、广西、重庆、四川、贵州、云南、西藏、陕西、甘肃、青海、宁夏、新疆这12个西部省（区、市），同时，为了比较西部农村地区高质量创新驱动和东中部地区的差异，在研究中还涉及河北、山西、吉林、黑龙江、安徽、江西、河南、湖北、湖南、海南这10个东、中部省农村数据。数据来源于历年《中国统计年鉴》《中国投资领域统计年鉴》《中国人口和就业统计年鉴》，其中，农林牧渔业固定资产投资数据利用各个省（区、市）固定资产投资价格指数进行平减，以2015年为基期的不变价格进行折算，地方财政农林水事务支出运用各个省（区、市）地方生产总值平减指数进行平减，同样以2015年为基期的不变价格进行折算，数据表述性统计信息如表4-3所示。

表4-3 变量指标描述性统计

变量类型	变量名称	均值	标准差	最大值	最小值
被解释变量	高质发展指数（dev）	64.767	13.295	87.870	19.150
	经济水平指数（eco）	58.312	15.497	91.116	18.038
	生活质量指数（lif）	73.901	15.380	94.177	22.545
	公共服务指数（ser）	69.091	16.587	97.788	1.154
	基础设施指数（inf）	62.076	18.474	100.000	5.717
	绿色发展指数（gre）	66.493	16.342	97.245	21.804
解释变量	科技创新（tec）	26 897.982	23 687.045	87 372.000	198.000
	资产投资（inv）	978.424	724.312	2 982.593	40.485
控制变量	政府投入（gov）	595.764	240.591	1166.810	164.24
	劳动力规模（lab）	127.428	126.552	524.400	2.100
	人力资本（hum）	0.135	0.034	0.216	0.065

（四）影响效应测度结果

按照实证研究设计，最终形成的实证分析模型形式如式（4-11）所示。

$$\begin{cases} \ln dev_{it} = \alpha \ln tec_{it} + \beta_1 \ln inv_{it} + \beta_2 \ln gov_{it} + \beta_3 \ln lab_{it} + \beta_4 hum_{it} + \mu_i + \varepsilon_{it} \\ \ln eco_{it} = \alpha \ln tec_{it} + \beta_1 \ln inv_{it} + \beta_2 \ln gov_{it} + \beta_3 \ln lab_{it} + \beta_4 hum_{it} + \mu_i + \varepsilon_{it} \\ \ln lif_{it} = \alpha \ln tec_{it} + \beta_1 \ln inv_{it} + \beta_2 \ln gov_{it} + \beta_3 \ln lab_{it} + \beta_4 hum_{it} + \mu_i + \varepsilon_{it} \\ \ln ser_{it} = \alpha \ln tec_{it} + \beta_1 \ln inv_{it} + \beta_2 \ln gov_{it} + \beta_3 \ln lab_{it} + \beta_4 hum_{it} + \mu_i + \varepsilon_{it} \\ \ln inf_{it} = \alpha \ln tec_{it} + \beta_1 \ln inv_{it} + \beta_2 \ln gov_{it} + \beta_3 \ln lab_{it} + \beta_4 hum_{it} + \mu_i + \varepsilon_{it} \\ \ln gre_{it} = \alpha \ln tec_{it} + \beta_1 \ln inv_{it} + \beta_2 \ln gov_{it} + \beta_3 \ln lab_{it} + \beta_4 hum_{it} + \mu_i + \varepsilon_{it} \end{cases} \quad (4\text{-}11)$$

运用西部12省（区、市）数据对式（4-11）中的6个模型分别进行估计，得到的结果如表4-4所示。

表 4-4　西部农村地区面板模型回归估计结果

变量	模型Ⅰ	模型Ⅱ	模型Ⅲ	模型Ⅳ	模型Ⅴ	模型Ⅵ
ln tec	0.280***	0.244***	0.146	0.622*	0.473**	0.272*
	(2.75)	(3.05)	(1.14)	(1.82)	(2.20)	(2.00)
ln inv	0.117	0.032	−0.048	0.215	0.357**	0.044
	(1.65)	(0.58)	(−0.54)	(0.90)	(2.38)	(0.46)
ln gov	0.453*	0.609***	0.622*	0.484	0.707	0.343
	(1.86)	(3.18)	(2.02)	(0.59)	(1.37)	(1.05)
ln lab	−0.002	−0.027	0.033	−0.197	−0.023	0.030
	(−0.03)	(−0.42)	(0.31)	(−0.70)	(−0.13)	(0.27)
hum	3.393*	4.599***	3.798	1.072	2.622	5.477**
	(1.90)	(3.28)	(1.68)	(0.18)	(0.69)	(2.30)
常数项	−2.438**	−2.717***	−1.274	−5.310	−7.259***	−1.575
	(−2.56)	(−3.63)	(−1.06)	(−1.66)	(−3.60)	(−1.24)
F 检验值	18.08	30.08	7.84	3.25	11.24	9.97
R^2	0.677	0.777	0.476	0.274	0.566	0.536
Hausman 检验值	29.58	15.17	22.83	12.34	24.11	20.13
个体效应	固定效应	固定效应	固定效应	固定效应	固定效应	固定效应
样本数	60	60	60	60	60	60

注：括号内为 t 统计值

***、**、*分别表示 1%、5%、10%的水平下显著

从模型Ⅰ回归结果上看，F 检验值为 18.08，在 1%水平下显著，表明模型整体回归效果较好，Hausman 检验值为 29.58，在 5%显著性水平下拒绝个体效应与解释变量不相关的原假设，表明应该选用固定效应模型回归结果。科技创新水平每提高 1%，西部农村地区高质量发展水平平均提升 0.28%，影响效应在 1%显著性水平下显著。政府投入每提高 1%，西部农村地区高质量发展水平平均提升 0.453%，影响效应在 10%显著性水平下显著。人力资本每增加 0.01，西部农村地区高质量发展水平提升 3.393%，影响效应在 10%显著性水平下显著。资产投资和劳动力规模对西部农村地区高质量发展水平影响效应不显著。

从模型Ⅱ回归结果上看，F 检验值为 30.08，在 1%水平下显著，表明模型整体回归效果较好，Hausman 检验值为 15.17，在 5%显著性水平下拒绝个体效应与解释变量不相关的原假设，表明应该选用固定效应模型回归结果。科技创新水平每提高 1%，西部农村地区经济水平平均提升 0.244%，影响效应在 1%显著性水平

下显著。政府投入每提高 1%，西部农村地区经济水平平均提升 0.609%，影响效应在 1%显著性水平下显著。人力资本每增加 0.01，西部农村地区经济水平提升 4.599%，影响效应在 1%显著性水平下显著。资产投资和劳动力规模对西部农村地区经济水平影响效应不显著。

从模型Ⅲ回归结果上看，F 检验值为 7.84，在 1%水平下显著，表明模型整体回归效果较好，Hausman 检验值为 22.83，在 5%显著性水平下拒绝个体效应与解释变量不相关的原假设，表明应该选用固定效应模型回归结果。科技创新水平每提高 1%，西部农村地区生活质量水平平均提升 0.146%，但是影响效应不能通过显著性检验。政府投入每提高 1%，西部农村地区生活质量平均提升 0.622%，影响效应在 10%显著性水平下显著。资产投资、劳动力规模和人力资本对西部农村地区生活质量水平影响效应不显著。

从模型Ⅳ回归结果上看，F 检验值为 3.25，在 5%水平下显著，表明模型整体回归效果较好，Hausman 检验值为 12.34，在 5%显著性水平下拒绝个体效应与解释变量不相关的原假设，表明应该选用固定效应模型回归结果。科技创新水平每提高 1%，西部农村地区公共服务水平平均提升 0.622%，影响效应在 10%显著性水平下显著。政府投入、资产投资、劳动力规模和人力资本对西部农村地区公共服务水平影响效应不显著。

从模型Ⅴ回归结果上看，F 检验值为 11.24，在 1%水平下显著，表明模型整体回归效果较好，Hausman 检验值为 24.11，在 5%显著性水平下拒绝个体效应与解释变量不相关的原假设，表明应该选用固定效应模型回归结果。科技创新水平每提高 1%，西部农村地区基础设施水平平均提升 0.473%，影响效应在 5%显著性水平下显著。资产投资每提高 1%，西部农村地区基础设施水平平均提升 0.357%，影响效应在 5%显著性水平下显著。政府投入、劳动力规模和人力资本对西部农村地区基础设施水平影响效应不显著。

从模型Ⅵ回归结果上看，F 检验值为 9.97，在 1%水平下显著，表明模型整体回归效果较好，Hausman 检验值为 20.13，在 5%显著性水平下拒绝个体效应与解释变量不相关的原假设，表明应该选用固定效应模型回归结果。科技创新水平每提高 1%，西部农村地区绿色发展水平平均提升 0.272%，影响效应在 10%显著性水平下显著。人力资本每增加 0.01，西部农村地区绿色发展水平提升 5.477%，影响效应在 5%显著性水平下显著。资产投资、政府投入和劳动力规模对西部农村地区绿色发展水平影响效应不显著。

（五）影响效应结果讨论

根据模型 I 到模型 VI 的回归结果，科技创新是促进西部农村地区高质量发展的重要因素，政府投入和人力资本对于西部农村地区高质量发展也具有一定积极作用，资产投资和劳动力规模对西部农村地区高质量发展影响效应不显著。

首先，科技创新显著提高西部农村地区高质量发展水平，同时，对于西部农村地区经济水平、公共服务、基础设施和绿色发展水平的提升均具有不同程度的正向影响效应。值得注意的是，科技创新对提高西部农村地区生活质量水平虽然具有一定积极作用，不过这种影响效应还不够显著，原因可能是科技创新主要影响西部农村地区生产活动，对经济产出影响较为显著，而在生活质量的改善上的传导效应还不够明显。

其次，政府投入对于西部农村地区高质量发展具有一定促进作用，除了影响西部农村地区经济水平外，还对于生活质量的改善具有积极作用，说明"十四五"时期依然需要加大对于西部农村地区政府支持力度，进一步巩固脱贫攻坚成果。

再次，人力资本对于提高西部农村地区高质量发展水平具有正向作用，可以显著促进西部农村地区经济水平和绿色发展，说明加快西部农村地区人力资本积累，强化高层次学历教育发展，对于"十四五"时期巩固脱贫攻坚成果具有重要意义。

最后，资产投资和劳动力规模对于西部农村地区高质量发展影响不显著，其中，资产投资虽然有正向影响，但是影响效应不明显，表明扩大资金投资规模对提高农村地区高质量水平的作用有限，更多需要依靠科技创新带来的效率。劳动力规模产生负向作用，只是负向作用不明显，表明西部农村地区仍然需要进一步向外转移劳动力，过大的劳动力规模不利于西部农村地区高质量发展，未来在巩固脱贫攻坚成果工作中，还需要适度促进劳动力从农村地区向外部转移。

三、农村地区高质量发展创新驱动区域异质性分析

在识别西部农村地区高质量发展创新驱动机理基础上，考虑西部与东、中部地区经济社会发展差距和水平，有必要对比分析科技创新对于农村地区高质量发展影响效应的区域差异，进行农村地区高质量发展创新驱动区域异质性分析。

（一）东、中部科技创新效应测度结果

运用东、中部 10 个省的数据对式（4-11）中的 6 个模型分别进行估计，得到

的结果如表 4-5 所示。

表 4-5　东、中部农村地区面板模型回归估计结果

变量	模型Ⅶ	模型Ⅷ	模型Ⅸ	模型Ⅹ	模型Ⅺ	模型Ⅻ
ln tec	0.239***	0.207**	0.115**	0.107	0.484***	0.230
	(2.80)	(2.46)	(2.20)	(0.89)	(3.43)	(1.55)
ln inv	−0.001	−0.017	−0.107***	0.062	0.030	−0.003
	(−0.03)	(−0.41)	(−2.60)	(1.08)	(0.45)	(−0.04)
ln gov	0.985***	0.951***	0.176	1.563***	1.021***	1.018***
	(5.15)	(5.05)	(1.29)	(5.80)	(3.22)	(3.05)
ln lab	0.006	0.007	0.013	0.020	−0.086	0.134
	(0.12)	(0.16)	(0.43)	(0.31)	(−1.13)	(1.68)
hum	1.553	2.783**	2.381***	0.457	0.131	3.533
	(1.29)	(2.35)	(3.20)	(0.27)	(0.07)	(1.68)
常数项	−4.768***	−4.426***	2.336***	−7.432***	−7.075***	−5.782***
	(−4.81)	(−4.53)	(4.73)	(−5.32)	(−4.31)	(−3.34)
F/Wald（沃尔德）检验值	32.03	33.65	38.65	21.12	16.51	17.12
R^2	0.820	0.827	0.417	0.751	0.702	0.709
Hausman 检验值	27.26	14.02	7.23	22.90	31.90	18.13
个体效应	固定效应	固定效应	随机效应	固定效应	固定效应	固定效应
样本数	50	50	50	50	50	50

注：括号内为 t 统计值

***、**分别表示 1%、5%的水平下显著

从模型Ⅶ回归结果上看，F 检验值为 32.03，在 1%水平下显著，表明模型整体回归效果较好，Hausman 检验值为 27.26，在 5%显著性水平下拒绝个体效应与解释变量不相关的原假设，表明应该选用固定效应模型回归结果。科技创新水平每提高 1%，东、中部农村地区高质量发展水平平均提升 0.239%，影响效应在 1%显著性水平下显著。政府投入每提高 1%，东、中部农村地区高质量发展水平平均提升 0.985%，影响效应在 1%显著性水平下显著。资产投资、劳动力规模和人力资本对东、中部农村地区高质量发展水平影响效应不显著。

从模型Ⅷ回归结果上看，F 检验值为 33.65，在 1%水平下显著，表明模型整体回归效果较好，Hausman 检验值为 14.02，在 5%显著性水平下拒绝个体效应与解释变量不相关的原假设，表明应该选用固定效应模型回归结果。科技创新水平每提高 1%，东、中部农村地区经济水平平均提升 0.207%，影响效应在 5%显著性

水平下显著。政府投入每提高 1%，东、中部农村地区经济水平平均提升 0.951%，影响效应在 1%显著性水平下显著。人力资本每增加 0.01，东、中部农村地区经济水平平均提升 2.783%，影响效应在 5%显著性水平下显著。资产投资、劳动力规模对东、中部农村地区经济水平影响效应不显著。

从模型Ⅸ回归结果上看，Wald 检验值为 38.65，在 1%水平下显著，表明模型整体回归效果较好，Hausman 检验值为 7.23，在 5%显著性水平下不能拒绝个体效应与解释变量不相关的原假设，表明应该选用随机效应模型回归结果。科技创新水平每提高 1%，东、中部农村地区生活质量水平平均提升 0.115%，影响效应在 5%显著性水平下显著。资产投资每提高 1%，东、中部农村地区生活质量水平平均下降 0.107%，影响效应在 1%显著性水平下显著。人力资本每增加 0.01，东、中部农村地区生活质量水平平均提升 2.381%，影响效应在 1%显著性水平下显著。政府投入、劳动力规模对东、中部农村地区生活质量水平影响效应不显著。

从模型Ⅹ回归结果上看，F 检验值为 21.12，在 1%水平下显著，表明模型整体回归效果较好，Hausman 检验值为 22.90，在 5%显著性水平下拒绝个体效应与解释变量不相关的原假设，表明应该选用固定效应模型回归结果。科技创新水平每提高 1%，东、中部农村地区公共服务水平平均提升 0.107%，但影响效应不能通过显著性检验。政府投入每提高 1%，东、中部农村地区公共服务水平平均提升 1.563%，影响效应在 1%显著性水平下显著。资产投资、劳动力规模和人力资本对东、中部农村地区公共服务水平影响效应不显著。

从模型Ⅺ回归结果上看，F 检验值为 16.51，在 1%水平下显著，表明模型整体回归效果较好，Hausman 检验值为 31.90，在 5%显著性水平下拒绝个体效应与解释变量不相关的原假设，表明应该选用固定效应模型回归结果。科技创新水平每提高 1%，东、中部农村地区基础设施水平平均提升 0.484%，影响效应在 1%显著性水平下显著。政府投入每提高 1%，东、中部农村地区基础设施水平平均提升 1.021%，影响效应在 1%显著性水平下显著。资产投资、劳动力规模和人力资本对东、中部农村地区基础设施水平影响效应不显著。

从模型Ⅻ回归结果上看，F 检验值为 17.12，在 1%水平下显著，表明模型整体回归效果较好，Hausman 检验值为 18.13，在 5%显著性水平下拒绝个体效应与解释变量不相关的原假设，表明应该选用固定效应模型回归结果。科技创新水平每提高 1%，东、中部农村地区绿色发展水平平均提升 0.230%，但影响效应不能通过显著性检验。政府投入每提高 1%，东、中部农村地区绿色发展水平平均提升 1.018%，影响效应在 1%显著性水平下显著。资产投资、劳动力规模和人力资本对东、中部农村地区绿色发展水平影响效应不显著。

（二）科技创新效应区域异质性分析

科技创新对于西部农村地区高质量发展的影响效应略强于东、中部，科技创新是缩小地区差距以实现高质量协同发展的关键性因素。对比分析西部和东、中部农村地区科技创新对高质量发展的影响效应，结果表明科技创新的促进作用在西部农村地区的效果更加明显，具体如下。

一是科技创新对农村地区高质量发展的影响效应在西部强于东、中部。科技创新每提高 1%，西部农村地区高质量发展指数提升 0.280%，高于东、中部的 0.239%，表明整体上科技创新对于经济社会发展处于后发阶段地区的农村地区高质量发展的作用更加显著，属于推动落后地区发展"弯道超车"的关键，"十四五"时期巩固脱贫攻坚成果须在西部农村地区强化科技创新的支撑效应，不断缩小与东、中部之间的差距，推动全国农村地区持续高质量发展。

二是科技创新对于农村地区经济水平、公共服务和绿色发展影响效应在西部比东、中部更显著。科技创新每提高 1%，西部农村地区经济水平指数提升 0.244%，高于东、中部的 0.207%。科技创新对于西部农村地区公共服务影响系数达到 0.622，且在 10%显著性下显著，但是对东、中部农村地区公共服务影响效应不显著。同样，科技创新对于西部农村地区绿色发展影响系数达到 0.272，且能通过 10%显著性水平检验，但是对东、中部农村地区绿色发展影响效果不明显。说明科技创新对于西部农村地区缩小与东、中部的高质量发展差距，最明显的是能够推动经济增长，弥补公共服务差距和促进绿色转型发展。

三是科技创新在西部农村地区生活质量提升和基础设施建设中发挥的作用还需要进一步强化。科技创新对于东、中部农村地区生活质量指数影响系数达到 0.115，且能够通过 5%显著性水平检验，但是对生活质量指数的影响效应在西部农村地区不显著。对于基础设施建设而言，科技创新每提高 1%，西部农村地区基础设施指数提升 0.473%，略低于东、中部的 0.484%，说明需要重视科技创新在缩小西部与东、中部农村地区生活质量和基础设施上的差距。

四、西部农村地区高质量发展创新驱动的机理解析

根据对西部农村地区高质量发展中科技创新影响效应的实证分析，科技创新是推动西部农村地区高质量发展的关键性影响因素，西部农村地区高质量发展创新驱动的逻辑机理可以归纳为动力机制、约束机制和保障机制。

（一）科技创新动力机制解析

西部科技创新发展通过激发农村地区经济活力，成为促进农村地区高质量发展的根本动力，具体如下。

一是科技创新有利于加快西部农村地区农业生产向现代化方向演进。西部农村地区农业生产往往面临着较为脆弱的自然环境，在传统农业发展过程中，技术进步缓慢，加上土地贫瘠等自然条件限制，农业生产力提升有限，许多农户围绕小规模土地进行生产，不易扩大农业生产的规模效应，无法通过改善技术资源投入促进农业快速发展。随着科技创新能力的提升，西部逐渐有能力将先进土壤改良技术、农业机械、病虫害防治技术等先进生产要素投入农业生产中，通过提高要素资源的使用效率来促进西部农村地区农业生产力的发展，切实提高质量发展水平。

二是科技创新能够优化西部农村地区产业结构。长期以来，西部农村地区缺乏足够多的技术支持，导致农村产业结构囿于产业单一、效益低下、缺乏活力的发展困境，产业体系中主要以传统农业为主，对农村地区经济增长带动能力有限。伴随着越来越多的科技创新转化成果应用于农业领域，西部农村地区围绕特色农业发展农产品加工业成为可能，能够把基础农产品加工生产为具有高附加值的优质农产品加工品，增进了农业产出收益，同时能够创造出更多的就业岗位，有序引导农村地区剩余劳动力转移到非农产业部门，在此基础上，转移出来的劳动力通过从事服务行业，带动以农家乐为主的乡村旅游业发展，进一步丰富西部农村地区产业结构，增进高质量发展的动力。

三是科技创新加快西部农村地区经济内外循环。科技创新速度的不断加快，以及数字经济的发展，为西部农村地区加快经济循环，增进收益提供了良好的条件。一方面，随着"互联网+"的不断发展，农村电商已成为带动农村地区致富的有效途径，农户借助于电商平台向外销售农产品，大幅缩短了流通环节，增加了农产品销售的收益，使得农产品能够及时销售出去，减少农产品因不易储存和易腐蚀等特点而造成的不必要损失，同时，电商网络的发展也使得农村地区居民容易获得品质好、价格低的农业生产资料，减少农业生产的成本投入，从而提高经营收益。另一方面，农村普惠金融的发展，有利于向西部农村地区提供借贷资金支持，让西部农村地区有资金需求的农户获得信贷资金的支持，扩大生产经营规模，从而繁荣西部农村地区整体经济的发展，助力高质量发展进程。

（二）科技创新约束机制解析

西部科技创新发展引导农村地区绿色发展，在生态约束条件下实现高质量的可持续发展，具体如下。

一是科技创新有效改善西部农村地区生态环境脆弱性问题。对于广大西部农村地区而言，尽管导致相对贫困的原因很多，但是最根本的原因在于脆弱的生态环境条件。生态环境的脆弱性制约农村居民生产活动，落后的生产力又进一步导致生态脆弱性加剧，形成恶性循环。科技创新能力的提升，能够产出一批有效缓解西部农村地区生态脆弱性的科研成果，通过科技成果转化应用于实践，如防护林种植防止山区水土流失，土壤改善技术应用于沙漠地区实现"沙漠变绿洲"，能够有效改变西部农村地区生态易脆弱的不利局面，从而保障西部农村地区高质量发展。

二是科技创新可以抑制西部农村地区生产和生活污染。一直以来，西部农村地区农业生产面源污染、生活废弃物污染问题并未得到有效重视，对生态环境造成污染，制约当地绿色发展。其中重要的原因之一在于没有充足的技术手段来改变污染物排放的困境。一方面，通过科技创新活动，可以生产出一批无害化的农业生产资料，将其应用于西部农村地区农业生产活动，可以有效减少农业面源污染带来的困境问题，确保西部农村地区农业生产符合绿色发展的要求。另一方面，技术创新带来的可再生能源的运用，可以替代西部农村地区生活中运用的能源，减少秸秆焚烧、煤燃烧对生态环境带来的潜在威胁，从而减少农村居民生活污染物的排放，促进绿色发展。

三是科技创新有助于西部农村地区居民培育绿色发展理念。科技创新带来的自媒体时代变革的影响力逐渐从城市向农村地区扩散，日渐成为农村居民丰富业余文化生活的重要手段，通过传统媒介和自媒体双管齐下强调绿色发展理念，能够逐步增强绿色发展在西部农村地区居民中的重要性，使得居民自主选择绿色生产和生活方式，进而促进西部农村地区高质量发展。

（三）科技创新保障机制解析

西部科技创新有利于强化农村地区公共服务和基础设施建设，保障西部农村地区稳步提升高质量发展水平，具体如下。

一方面，科技创新通过改变供给方式来提高公共服务在西部农村地区的覆盖面。长期以来，西部农村地区发展面临的困境之一在于较为匮乏的公共服务供给，由于所处地理位置偏远，居民分布不均，教育、医疗等公共服务难以集中在一起进行统一供给；另外，由于效率不高，公共服务在西部农村地区供给水平处于较低水平，难以有效支持经济生产活动，无法满足居民生活要求。由科技创新带来的新技术的新场景运用，一定程度上有利于弥补西部农村地区公共服务供给不足的问题，通过互联网诊疗服务，乡村卫生所医务人员可以及时帮助农村地区居民提供医疗解决方案，避免过去因为人员水平有限而造成的医疗服务不能有效供给的问题。中央农业广播电视学校开展的互联网教育培训,可以及时向农村居民传播农业生产实用技术,培育高素质农民和农村实用人才,提升农村居民从事农业生产活动的能力,同时,"互联网+"运用到西部农村地区义务教育,也能够丰富学生的学习资源,优化乡村一线教师教学方法,提高义务教育供给质量;另一方面,科技创新突破技术瓶颈以促进西部农村地区基础设施建设。西部农村地区地形条件较为复杂,不利于修建农村基础设施,从而制约当地生产发展和居民生活质量的提高。在施工技术上的突破,以及一些大型机械设备的投入,能够在较为复杂的地形条件下修筑道路设施,合理布局电网,有效实现引水,改变西部农村地区水、电、路等基础设施得不到满足的状况,提升基础设施建设水平,从而使得西部农村地区自然村落大多能够在"十三五"末期实现通宽带、通洁净水供给等,有效保障了农村居民基本生活,同时,水利灌溉设施、道路设施等的修建,使得农村各项产业发展得到有效保障,从而实现西部农村地区高质量发展。

第三节　本章小结

本章实证分析西部农村地区高质量发展创新驱动影响因素,一方面,利用2015~2019 年数据,从经济水平、生活质量、公共服务、基础设施、绿色发展层面构建西部农村地区高质量发展评价指标体系,得出西部农村地区持续向前发展,高质量发展水平稳步提高;分维度发展比较,西部农村地区经济水平、生活质量、公共服务、基础设施、绿色发展均有不同程度的提升,共同助推发展质量的提高;分区域发展比较,西部 12 省(区、市)农村地区高质量发展水平均得到不同程度的提升,不同区域发展质量具有一定差距。另一方面,对西部农村地区高质量发展比较分析,整体来看,西部农村地区高质量发展水平低于东、中部地区,高质量发展差距在逐步缩小;分维度对比,西部农村地区高质量发展与东、中部地区的差距主要在基础设施和经济水平上,在公共服务和绿色发展上差距较小,生活质量水平基本相同。

基于以上研究得出,科技创新是促进西部农村地区高质量发展的重要因素,政府投入和人力资本对于西部农村地区高质量发展也具有一定积极作用,资产投资和劳动力规模对西部农村地区高质量发展影响效应不显著,同时,本章还研究了西部农村地区高质量发展创新驱动的机理解析。

第五章　西部农村地区高质量发展创新驱动的内在条件和外部约束

党的二十大报告提出"全面推进乡村振兴""坚持农业农村优先发展""加快建设农业强国""扎实推动乡村产业、人才、文化、生态、组织振兴"[①]。自 2020 年 12 月正式宣布新时代脱贫攻坚目标任务如期完成以后，作为引领发展的第一动力，全面创新已成为实现我国农村地区高质量发展的战略支撑。为进一步巩固拓展脱贫攻坚成果，本章立足西部农村地区，分析西部农村地区高质量发展创新驱动的内在条件和外部约束，为有效衔接乡村振兴战略、加快农业农村现代化建设提供依据。

第一节　西部农村地区高质量发展创新驱动的举措和成就

一、因地制宜打造特色农业，助力脱贫地区产业发展

产业发展是乡村民生保障，产业兴旺是乡村振兴基础。自 2020 年宣布正式打赢脱贫攻坚战以来，西部各农村地区聚焦产业建设，因地制宜发挥产业优势，打造特色农业产业。具体来看，2020~2021 年，内蒙古自治区依托气候特点，围绕农牧业产业，以脱贫县为单位，集中建设特色种植园区，2021 年巴彦淖尔市五原县联农带农，带动 345 户脱贫户参与特色农业产业发展，户均增收 1808 元；广西壮族自治区依托中国东盟地理标志互认农产品百色芒果，打造国际公关品牌，其中 2021 年田东县为该县农民人均纯收入贡献 2482.5 元，辐射带动 28 个脱贫村；重庆市立足现代山地区位优势，发展特色高效农业，以脱贫区县为单位规划发展乡村特色产业，每个脱贫区县选择 1~2 个主导产业作为支持重点，引入创新技术团队开展脱贫地区特色种养业提升行动，2021 年现代山地特色高效农业综合面积

---

① 习近平：高举中国特色社会主义伟大旗帜 为全面建设社会主义现代化国家而团结奋斗——在中国共产党第二十次全国代表大会上的报告，https://www.gov.cn/xinwen/2022-10/25/content_5721685.htm。

达到 3100 万亩,产值 4500 亿元;四川省理塘县立足特色牦牛产业集群,围绕"一心四区、生态循环、绿色发展"的总体思路,打造数据库+种植-养殖-交易-加工一体化现代农业产业园,实现"产业兴农、产业富民"的产业格局;贵州省 2020 年持续扩大 12 个特色产业,创建 5 个国家级现代农业产业园、3 个农业绿色发展先行区、13 个农村产业融合发展示范园、1 个特色产业集群、29 个产业强镇;2022 年云南省围绕 26 个帮扶主导农业产业精准施策,打响昭通苹果、怒江草果、会泽石榴等"云系"品牌,助力加快脱贫农民就近就业;西藏自治区依托新型高原特色产业,成立高原蔬菜种植基地合作社;陕西省的气候得天独厚,基于苹果等优质果业、棚式栽培技术、奶山羊等畜牧业,以规模化走出国门,建立全球品牌;甘肃省立足"牛羊菜果薯药"六大主导产业,以点连面的串联服务,形成规模化标准化加工体系;青海省依托林草生态资源优势,集中力量聚集资源,制定《牦牛和青稞产业发展三年行动计划(2018—2020 年)》,打造"世界牦牛之都";宁夏回族自治区围绕现代农业及产业实际需求,建设以农产品为基础的"农业+"产业融合体系,打造农业产业集群;新疆维吾尔自治区依托各地资源优势,统筹推进,分类管理葡萄酒、棉花、核桃、红枣等农业产业,建立全产业链重点链产业发展格局。

二、建立区域协作帮扶机制,推动东西两地共商合作

协同合作是加快高质量发展的前进动力,先进地区带动落后地区是合作共赢的必然之路,尤其是在相对落后的西部地区,借鉴先进案例,引进先进人才,把握先进资源,是西部农村地区高质量发展创新驱动的重要一环。因此,西部农村地区积极融入东西两部对口支援,牢牢稳抓一个东部地区省(区、市)帮扶一个西部地区省(区、市)的关系契机,为创新驱动注入力量,为加快推进地区高质量发展提供动能。具体来看,2020~2021 年,内蒙古自治区深化京蒙协作,建立定点帮扶领导小组,以北京市财政为支撑,以企业合作为载体,共商共建合作发展;广西壮族自治区以粤桂协作办公室为基础,融入粤港澳大湾区战略规划,签署《东西部协作协议》《"十四五"时期粤桂协作框架协议》,从资金支持、人才供给、采购货物等层面为广西农村地区带来福祉;重庆市强化鲁渝合作机制,深化产业协作、劳务协作、消费协作,打造鲁渝协作特色品牌;四川省依托浙川帮扶协作,立足浙江先进的产业结构、数字化建设、消费体系、文化交流、干部人才,落实地区建设,构建浙川合作新模式;贵州省与广东省签署《"十四五"时期粤黔东西部协作协议》,助力共计 66 个脱贫县衔接乡村振兴;云南省对接上海市,谱写沪滇帮扶协作,双方立足实际,采用沪滇帮扶资金、协作引进企业、共建劳务

协作就业基地等多方式，补齐云南短板，培育发展动能；苏陕协作与经济合作领导小组以东西部消费联盟为抓手，提倡线上集团采购，引进江苏企业落地陕西省，共建苏陕协作园区；宁夏回族自治区与福建省从产业合作、资源互补、劳务对接、人才交流建立"闽宁协作"模式，打造闽宁帮扶示范样本；江苏省协同青海省聚焦民生领域，科学规划协作项目库，助力教育医疗增质提效。

三、健全返贫动态监测体系，巩固拓展脱贫攻坚成果

杜绝返贫风险发生是完成脱贫攻坚后的首要任务，巩固拓展脱贫攻坚成果是夯实乡村振兴基础的关键命题。坚持定期复查，健全监测体系是加快人民过上美好生活，提高衔接乡村振兴战略科学性、有效性的重要抓手。因此，脱贫县村数量最多的西部农村地区开始围绕杜绝返贫风险积极建设动态监测体系。其中，内蒙古自治区 2020 年 5 月出台《关于建立防致贫返贫监测和帮扶机制的实施意见》，针对农户现状制定不同等级，重点关注各类农户收入支出状况，建立分级预警机制；2021 年 6 月，广西壮族自治区发布《广西防止返贫动态监测和帮扶工作方案》，通过建立自主申报、实地走访、筛查预警、群众反映的流程体系，充分引入全国防返贫监测信息系统，并搭建防返贫监测信息员队伍，打造智能化、信息化管理机制；四川省制定《四川省健全防止返贫动态监测和帮扶机制办法（试行）》，以全覆盖、全方位、全过程开展返贫监测，落实精准帮扶，巩固脱贫成效；重庆市出台《重庆市健全防止返贫动态监测和帮扶机制工作方案》，在明确监测对象、风险消除程序、监测措施和帮扶政策基础上，创新增加监测对象自主申报功能，在各大本地平台开放通道，为有需求的民众提供便利；云南省于 2020 年 4 月出台《关于建立防止返贫监测和帮扶机制的实施办法》，提出以月为单位，坚持"一月一筛查、一月一研判、一月一审核、一月一动态"的监测机制，落实"村—乡—县"的统筹管理机制，满足脱贫民众必要需求；贵州省立足实际，以 2021 年监测范围为基数，从综合物价指数增幅、农民人均可支配收入、低保标准增幅三大层面适时调整监测范围，切实保障脱贫民生；新疆维吾尔自治区遵循"摘帽不摘责任、摘帽不摘政策、摘帽不摘帮扶、摘帽不摘监管"的严格要求，围绕"实时预警、动态监测、突贫速扶、常态清零、未贫先防"健全监测机制。

四、发挥市场机制调节作用，推动社会资本贡献力量

实现共同富裕不仅是政府职责所在，也是全国人民共同愿景，坚持政府与市场有机结合，依托市场谋创新，立足市场谋发展，是加快资源配置优化，激发市

场力量，巩固拓展脱贫攻坚成果的有力抓手。因此，作为以农业为主导产业的西部农村地区，以市场为导向，以创新为支撑，以规模经营为载体，以质量并齐为目标是当下实现高质量发展的重要渠道。具体而言，2020～2021 年，内蒙古自治区从金融服务实体出发，引导金融机构优化信贷资源配置，开拓创新抵押贷款、质押贷款等业务渠道，并立足实际调研，为脱贫县村提供专项支持，提供"富民贷""乡村振兴助农贷"金融服务；云南省从风险共担、利益共享出发，提出以合作社为中心，围绕农户、企业自主绑定，从需求与供给层面共推产业高质量发展；西藏自治区则依托区位优势和环境特色，立足净土健康产业和文化旅游业，践行"企业+合作社+脱贫户"的产业发展模式；陕西省围绕农村集体产权制度改革，壮大村集体经济，培育新型经营主体，截至 2020 年底，已有 8.45 亿元资金引入农村集体经济组织，为 1.45 万个村集体经济带来实效；广西壮族自治区则依托龙头企业的完整产业链和资源优势，联合脱贫户提供产品供给，助推脱贫产品"走出去"，并立足线下市场，着力拓展线上渠道，打造线上线下一体化的"新型智慧农产品生态圈"，实现从产品采摘到销售到家全链条可视化；重庆市从政策层面提供财政支持，确立培育导向，从金融层面创新产品，保障资金周转，从市场层面加快产品走出农村，鼓励企业帮扶助销；新疆维吾尔自治区创新提供保险惠农服务，推动农业保险服务优势特色产业，吸引农户参与相应产业，"造血"式助力脱贫农村地区高质量发展，截至 2021 年，32 个脱贫县特色优势农产品保险品种数量已达 326 个。

五、引导各类人才立足实践，下沉帮扶县村领衔创新

党的二十大强调"科技是第一生产力，人才是第一资源，创新是第一动力"[①]。因此，把握科技、人才、创新三环相扣，对推动农业农村现代化、构建中国式现代化具有重要意义。因此，在脱贫攻坚后，西部农村地区需牢牢紧握三大要素，围绕以科学技术为载体，创新驱动为燃料，引育人才为抓手，培育人才为导向的中心主旨，变"授鱼"为"授渔"推动创新驱动高质量发展。具体来看，2020～2021 年，广西壮族自治区立项开班，组织产业发展指导员、产业基地负责人参加脱贫村产业发展指导员培训班，并以典型案例实地教学，为各县、村负责人改革创新提供新思路；重庆市将基础研究与实践应用有机结合，集聚专业科研人才，搭建技术人才创新团队、产业技术体系创新团队，向乡镇派遣产业技术指导组，截至 2021 年，已集聚科研人才 564 人，累计引进、选育新品种 82 个，研发集成

---

① 习近平：高举中国特色社会主义伟大旗帜 为全面建设社会主义现代化国家而团结奋斗——在中国共产党第二十次全国代表大会上的报告，https://www.gov.cn/xinwen/2022-10-25/content_5721685.htm。

新技术 312 项，研发型产品 131 个；云南省汇聚技术研发、方法教学、市场推广等人才资源，从省级层面引进上千名领域专家，从国家级层面选派上百名技术人才，立足发展需求，全覆盖为脱贫县提供技术、智库服务，进一步提高农业科技进步，推动农业产业高质量发展；贵州省 2021 年组建 10 035 支乡村振兴驻村工作队，选派 32 175 名第一书记和驻村干部驻村帮扶，探索实行乡村振兴指导员、科技特派员、金融助理员"三员"选派机制；新疆维吾尔自治区加快产业高效发展，在技术服务上，建立农、林、畜、农机、农资等服务为一体的村级农业技术综合服务站，提供常态化技术指导服务。在引智育智上，引导专家服务团队到县包乡联村带户开展农业科技服务的同时，选派科技人员赴脱贫县提供公益性专业技术服务，制定符合产业需求的教学内容，开展理论培训、技术演示等课程，助力科技成果转移转化与科技服务扎实落地并有效推广至市场。

六、稳抓生态保护大旗，践行绿水青山就是金山银山理念

乡村振兴离不开生态宜居，建设一条以人为核心，生态经济协调发展，人与自然和谐共生的绿色道路是西部农村地区高质量发展创新驱动的重要方针。西部各农村地区紧握自然生态先天优势，践行绿水青山就是金山银山的总体思路，围绕"生态+产业"的有机融合有效打开了农村地区高质量发展创新驱动的金钥匙。具体来看，2020～2021 年，西藏自治区米林县①优美的自然风光吸引无数游客前往，当地农牧民在尊重自然、顺应自然、保护自然的基础上，立足生态旅游，为游客提供家庭旅馆、藏家乐等便利条件，进而发展生态经济，拓宽当地农牧民的收入渠道；贵州省毕节市海雀村多年来植树造林建设绿色乡村，获得贵州省第二张林业碳票，以此赋予林地木炭减排量收益权，实现金融赋能，当地村民收入增加；重庆市万州区棕花村引入具有修复土壤、废水治理等功效的香根草，不仅避免了供万州区百万人饮用的水库污染，还为当地畜牧产业发展提供了饲料来源，形成了一条涵盖生态治理+农林畜牧产业发展+农耕文化体验馆的综合产业体系；作为我国石漠化最严重的地区之一，广西壮族自治区坚持山水林田湖草沙一体化保护和石漠化综合治理，都安县隆坝村创新思路，引入葡萄产业改善石漠化状况，让原本寂寥的石山披上崭新的绿衣；四川汶川县打响生态康养旅游招牌，依托区位差异，构建北部以阿尔沟滑雪场为核心，南部以大熊猫国家公园为核心的空间格局，建设生态宜居的乡村范本；云南省腾冲市司莫拉佤族村作为多民族融合、边关重镇、绿水青山休闲宝地代表，创新农文旅融合特色，成立司莫拉乡村旅游

---

① 米林县于 2023 年 4 月 3 日正式撤销，设立为县级米林市。

专业合作社，依托"党支部+公司+合作社+农户"模式，让每户村民参与其中，打造文化表演、特色美味、加工产品等特色产业。

第二节　西部农村地区高质量发展创新驱动的内在条件

一、发展潜力态势向好

发展是解决经济社会问题的基础和关键，经济发展是引领地区发展的"领头羊"。随着中国经济从高速增长阶段向高质量发展转变，西部农村地区高质量发展势在必行。自 2020 年我国现行标准下农村贫困人口全部实现脱贫、贫困县全部摘帽以后，我国正式深化推进乡村振兴战略。作为高质量发展重要基石，西部农村地区为巩固脱贫攻坚成果，有效衔接乡村振兴提供强有力支撑。其中，在西部 12 个省（区、市）中，仅有 4 个省（区、市）的地区生产总值增速低于国内均值水平（2.3%），西藏、贵州、重庆更是发挥应有之义，2020 年增速分别达到 12.07%、6.3%、5.92%，远超国内增速水平，整体增长潜力巨大（图 5-1）。

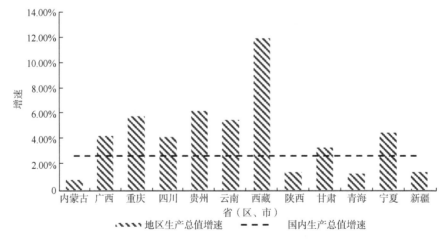

图 5-1　2020 年国内与西部地区生产总值增速

资料来源：《中国农村统计年鉴》《中国统计年鉴》《中国城乡建设统计年鉴》

二、现代化建设持续发力

实现农业农村现代化是脱贫攻坚后的关键要务，农业农村现代化建设离不开能源支持。在过去，不发达的山区电力资源难以保障，往往采用以柴烧火、以煤取暖的方式满足需求，不仅对乡村环境产生污染，也难以支撑大规模耗电机械运行，使得现代农业生产、乡村休闲旅游、特色农业产业都难以维系，因此，自提出打赢脱贫攻坚战以来，各部门积极开展农网改造，提高农村电网供应质量。2020 年西部农村地区电网布局范围明显扩大，尤其是经济较为落后的西藏、广西、贵州地区电量消耗远超同时期其他地区，增速分别达到 17.13%、11.73%、11.59%（图 5-2），为农业产业现代化体系构建提供保障，推动西部农村地区高质量发展。

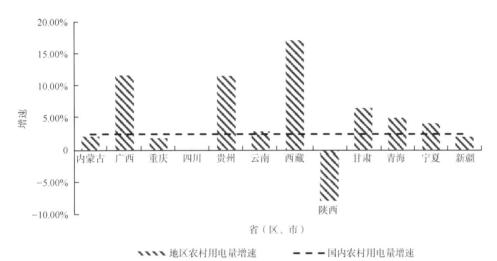

图 5-2　2020 年国内农村与西部农村地区用电量增速

资料来源：《中国农村统计年鉴》《中国统计年鉴》《中国城乡建设统计年鉴》

三、教育重视程度日趋提升

教育发展是脱贫的重要指标，是人民美好生活的精神源泉。"两不愁三保障"中的"义务教育保障"是打赢脱贫攻坚战的重要因素，也是抑制返贫风险的关键要点。教育文化的熏陶能够激发人们期盼美好生活、创造美好生活的强烈愿望和奋斗意志，进而阻断贫困代际传递的延续。因此，对教育文化、娱乐用品及服务消费的支出至关重要，截至 2020 年，西部大部分农村地区在文化教育、娱乐用品及服务的人均消费上已接近国内均值水平（1235.3 元/人），其中内蒙古、广西、贵州、云南、重庆重视程度较高，分别达到 1436.5 元/人、1408.2 元/人、1377.8 元/人、1324.2 元/人、1290.3 元/人（图 5-3），为西部农村地区脱贫攻坚后建设文明乡风打下坚实基础。

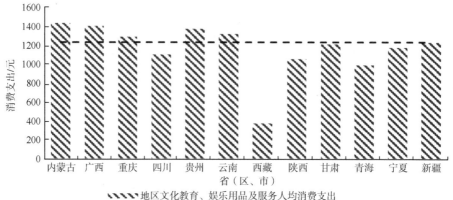

图 5-3　2020 年国内农村与西部农村地区文化教育、娱乐用品及服务人均消费支出

资料来源：《中国农村统计年鉴》《中国统计年鉴》《中国城乡建设统计年鉴》

四、医疗服务有效保障

国家发展和改革委员会将农村基础设施分为农业生产性基础设施、农村生活基础设施、农村社会发展基础设施、生态环境建设四大类。其中，医疗卫生条件是民众安居基础，也是基础设施建设基本。从统计数据来看，西部农村地区脱贫攻坚后医疗卫生条件得到极大改善，有效提高了公共服务能力。其中，2020 年云南、西藏、广西、贵州、重庆、青海、新疆、宁夏农村地区每卫生室的医生人数均达到 2 人，高于国内农村均值水平（图 5-4），为西部农村地区高质量发展创新驱动提供保障。

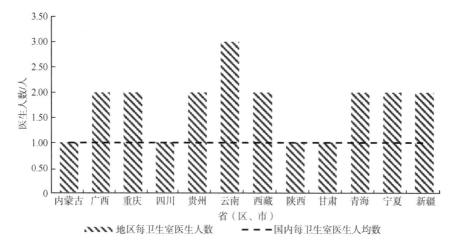

图 5-4　2020 年国内与西部农村地区每卫生室的医生人数

资料来源：《中国农村统计年鉴》《中国统计年鉴》《中国城乡建设统计年鉴》

五、城乡建设协同发展

党的二十大报告指出："要坚持以推动高质量发展为主题""着力推进城乡融合和区域协调发展，推动经济实现质的有效提升和量的合理增长。"①加快我国城乡融合发展是我国构建高质量国土空间格局的重要任务，缩小城乡发展差距，打造以城带乡、以乡促城的良性循环是推动乡村振兴与新型城镇化有机配合的当务之急。那么，西部农村地区立足共同富裕的终极目标，推动区域内平衡发展，探索高质量发展契机，提高收入水平是实现高质量发展创新驱动的必由之路，2020年仅有西藏、云南、贵州地区城乡可支配收入差额高于国内城乡可支配收入差额均值水平（图5-5），西部农村地区整体分配机制更加公平合理，有力地巩固了脱贫攻坚切实成果。

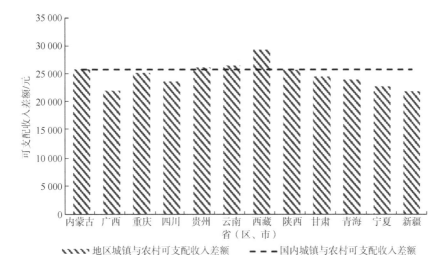

图5-5　2020年国内与西部地区城乡可支配收入差额
资料来源：《中国农村统计年鉴》《中国统计年鉴》《中国城乡建设统计年鉴》

六、生活质量稳步向前

恩格尔系数是衡量居民生活水平的重要指标，较低的恩格尔系数值意味着居民生活消费水平和消费结构日益向好。自脱贫攻坚战打赢以来，西部各农村地区的产业发展和生活条件有效提升，收入方式来源多元，生活质量明显改善。统计数据显示，2020年西部11个省（区、市）中，内蒙古、陕西、甘肃、青海、宁

---

① 习近平：高举中国特色社会主义伟大旗帜　为全面建设社会主义现代化国家而团结奋斗——在中国共产党第二十次全国代表大会上的报告，https://www.gov.cn/xinwen/2022-10/25/content_5721685.htm。

夏、新疆地区农村居民恩格尔系数低于全国平均水平，尤其是，陕西、宁夏地区农村居民自我发展能力不断增强，恩格尔系数已达到富裕行列，分别为 27.98% 和 28.41%（图 5-6），为其他西部农村地区做出积极示范[①]。

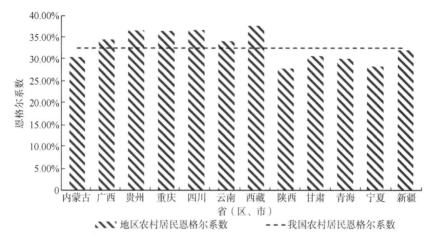

图 5-6　2020 年国内与西部地区农村居民恩格尔系数

资料来源：《中国农村统计年鉴》《中国统计年鉴》《中国城乡建设统计年鉴》，
因贵州省未公布官方数据，暂未在图中列示

第三节　西部农村地区高质量发展创新驱动的外部约束

一、交通设施亟待完善

交通便利是拓宽农村地区发展机遇的关键，持续改善的交通运输条件，为产业互联互动夯实基础。换言之，许多农村地区即使拥有极具优势的自然独特景观，但若受制于交通不便也难以带来经济效益，因此，完善交通设施不仅便利人民日常出行，提升人们生活质量，更是有助于推动人才引进、产业升级等。虽然各农村地区已大力推进交通建设，但作为涵盖约 71% 国土面积的大西部仍然举步维艰。2020 年，仅有四川、新疆地区邮路总长度超过国内均值水平，分别为 439 046 千米和 420 574 千米（图 5-7），加快西部农村地区高质量发展还需加快统筹推进县乡村三级物流体系建设，未来有必要进一步以创新驱动为核心，落实"快递进村"

---

① 联合国根据恩格尔系数对国家贫富水平进行划分，其中，恩格尔系数 59% 以上为贫困，50%～59% 为温饱，40%～50% 为小康，30%～40% 为相对富裕，20%～30% 为富裕，20% 以下为极度富裕。

工程，不仅为资源"走进来"提供便利，也为成果"走出去"提供契机。

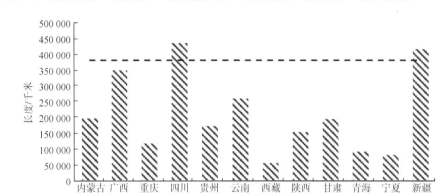

图 5-7　2020 年国内与西部农村地区邮路总长度

资料来源：《中国农村统计年鉴》《中国统计年鉴》《中国城乡建设统计年鉴》

二、产业结构有待优化

农业是农村地区发展的基石，农业的快速高质量增长为西部农村地区转型升级提供重要支撑。西部农村地区立足农业产业多元化发展，以第一产业高质量发展带动第二、第三产业比重提高，助力乡村产业兴旺，实现乡村振兴发展。然而，统计数据显示，2020 年西部农村地区第一产业占比仍处于较高位置。其中，西部地区仅有重庆、西藏、陕西、宁夏四个省（区、市）的第一产业比重低于全国总体水平，广西第一产业比重更是高达 16%（图 5-8），远超国内其他发达省（区、

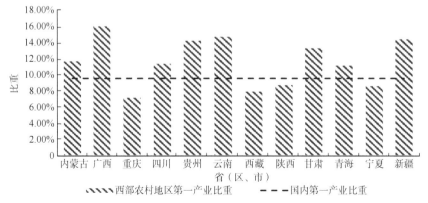

图 5-8　2020 年国内与西部农村地区第一产业比重

资料来源：《中国农村统计年鉴》《中国统计年鉴》《中国城乡建设统计年鉴》

市）。因此，西部农村地区脱贫攻坚后有必要依托农业特色优势，因地制宜建设农业产业，联动第二、第三产业，助力产业结构转型升级，打造特色产业集群，实现农业、加工业、服务业等三产业的融合发展。

三、政策支持力度尚需加强

固定投资始终是衡量地方政府投入力度的重要指标之一，涵盖农业、基础设施、服务领域等多个领域，关乎农村地区民生质量，为经济持续健康发展提供坚实基础和有力保障，但统计数据显示，西部地区地方政府虽持续加大政策投资，但力度稍有欠缺，尤其是地理面积广阔的甘肃、内蒙古、新疆地区离国内农户固定资产投资均值仍有较大差距，2020 年农户固定投资额分别仅有 116.9 亿元、144.3 亿元和 197.9 亿元（图 5-9）。因此，作为战略调整方向的掌舵人，地方政府为加快西部农村地区高质量发展创新驱动，有必要在增加基础设施平台和公共服务平台投入的同时，持续稳步加大固定资产投资。

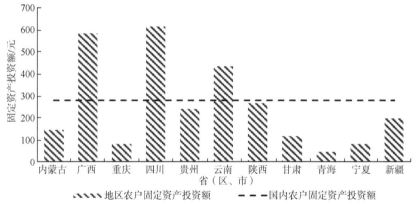

图 5-9　2020 年国内与西部地区农户固定资产投资额

资料来源：《中国农村统计年鉴》《中国统计年鉴》《中国城乡建设统计年鉴》，因西藏自治区未公布官方数据，暂未在图中列示

四、可支配收入水平较低

提高农村人均可支配收入是改善民生的关键，虽然在脱贫攻坚后，我国农村地区人均收入和各项福祉水平都得到大幅提高，在住房、医疗、教育等生活需求方面得到明显优化，但相较于国内大部分地区，约占全国 71% 国土面积的西部地区在提高收入方面仍然稍显逊色，2020 年，重庆、内蒙古农村居民人均可支配收入水平最高，达 16 361 元/人和 16 567 元/人（图 5-10），但西部农村居民人均可

支配收入普遍低于国内均值水平（17 131 元/人），因此，西部各农村地区依托区位气候优势，发挥产业特色，达到理想状态任重道远。

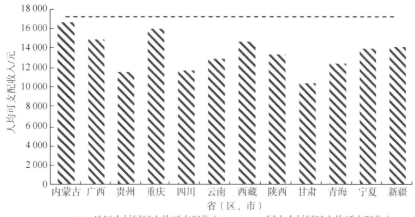

图 5-10　2020 年国内与西部地区农村居民人均可支配收入

资料来源：《中国农村统计年鉴》《中国统计年鉴》《中国城乡建设统计年鉴》

五、规模化运营进程缓慢

打造规模化、标准化是实现农业农村现代化的重要方向，是集聚农村地区力量的重要抓手。规模化种植充分发挥现代农业经营优势，将经营模式、科技含量与经营理念有效结合，使得西部农村地区在脱贫攻坚后能真正产生集聚效应，实现生态效益和经济效益的共同增长。因此，以统一集体的国有农场为样本，发挥资源集聚效用，不仅是加快推动区域间社会经济和谐发展的第一步，也是实现乡村振兴产业振兴的加速器。但从西部农村地区来看，国有农场分布不均，暂时难以全方位发挥应有之义，其中，仅有内蒙古、四川、新疆超过国内均值，而西部其余地区规模化水平尚处于极低水平（图 5-11）。

六、工业支持相较乏力

工业革命不仅是社会生产力完成质的提升的关键动力，也是实现农业工业化扩大产能的必然之路。以农业为主要经济支撑的农村地区，依靠机械辅助农业发展既能有效减少人力资本浪费，也能有力带动工业经济增长。然而，统计数据显示，2020 年，西部农业地区的农业机械数量普遍较低，仅有内蒙古、甘肃、新疆农业机械数量高于国内均值，分别为 124.83 万台、85.19 万台、72.76 万台（图 5-12）。

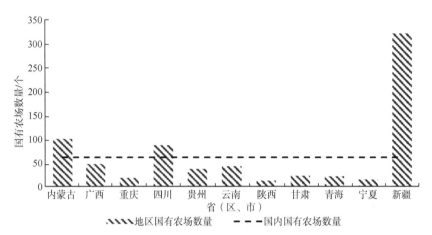

图 5-11　2020 年国内与西部农村地区国有农场数量

资料来源：《中国农村统计年鉴》《中国统计年鉴》《中国城乡建设统计年鉴》，

因西藏自治区未公布官方数据，暂未在图中列示

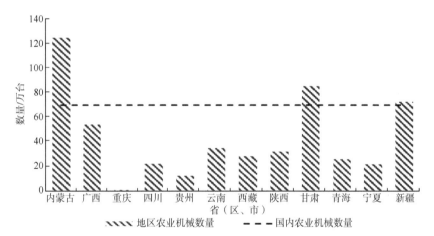

图 5-12　2020 年国内与西部农村地区农业机械数量

资料来源：《中国农村统计年鉴》《中国统计年鉴》《中国城乡建设统计年鉴》，

农业机械数量统计包括农用大中型拖拉机、小型拖拉机

可见，西部农村地区整体推动经济动力变迁力度不足，劳动生产率和全要素生产率亟待提升。

第四节　本 章 小 结

推动西部农村地区高质量发展创新驱动是实现乡村振兴的必然之路。一方面，本章梳理了西部农村地区高质量发展创新驱动取得的重大举措，其中，包括因地制宜打造特色农业、建立区域协作帮扶机制、健全返贫动态监测体系、发挥市场机制调节作用、引导各类人才立足实践、稳抓生态保护大旗；另一方面，相较于国内整体水平，本章从内在条件和外在约束两个层面，分析了西部各农村地区高质量发展创新驱动近年来的实际情况，即西部农村地区普遍存在发展潜力态势向好、现代化建设持续发力、教育重视程度日趋提升、医疗服务有效保障、城乡建设协同发展和生活质量稳步向前的内在条件，但也面临交通设施亟待完善、产业结构有待优化、政策支持力度尚需加强、可支配收入水平较低、规模化运营进程缓慢和工业支持相较乏力的外部约束。通过对西部农村地区现实情况的分析，为探讨其高质量发展创新驱动的可行思路提供参考。

第六章　西部农村地区高质量发展创新驱动的典型实践

2020 年底，我国脱贫攻坚目标如期完成，脱贫攻坚取得了举世瞩目的胜利，极大增强了人民群众获得感、幸福感、安全感，彻底改变了农村地区的面貌，改善了生产生活条件，提高了群众生活质量，"两不愁三保障"全面实现。习近平总书记在党的二十大报告中指出，必须坚持创新是第一动力，深入实施创新驱动发展战略，开辟发展新领域新赛道，不断塑造发展新动能新优势，着力推动高质量发展[①]。西部地区作为全国占地面积最大、经济发展水平相对较低的地区，是打赢脱贫攻坚战后有效衔接乡村振兴、推进共同富裕建设的重点难点区域，以创新驱动实现高质量发展是必由之路。

第一节　西部农村地区高质量发展创新驱动的意义

一、有助于巩固和拓展西部地区的脱贫攻坚成果

从区域来看，一半以上农村减贫人口来自西部地区，国家统计局数据显示，2013～2020 年，西部地区农村贫困人口累计减少 5086 万人，减贫人口占全国减贫人口的 51.4%，年均减少 636 万人。2020 年底，现行标准下农村贫困人口全部脱贫，贫困县全部摘帽，消除了绝对贫困和区域性整体贫困，近 1 亿贫困人口实现脱贫，决战脱贫攻坚取得全面胜利。但脱贫摘帽不是终点，而是新生活、新奋斗的起点，还需健全防止返贫动态监测和帮扶机制，强化易地扶贫搬迁后续扶持，加强脱贫劳动力就业帮扶，持续巩固拓展脱贫攻坚成果。党的十八大以来，脱贫攻坚理论与实践创新不断深化推进，新理论引导实践不断创新发展，实践发展又为理论创新拓展经验基础，创新始终贯穿脱贫攻坚全过程。总的来看，新时代脱贫攻坚在理论和实践等方面都做出了一系列创新性探索，实现了脱贫攻坚的机制

---

① 习近平：高举中国特色社会主义伟大旗帜　为全面建设社会主义现代化国家而团结奋斗——在中国共产党第二十次全国代表大会上的报告，https://www.gov.cn/xinwen/2022-10/25/content_5721685.htm。

创新、制度创新和模式创新。由此可见，无论是打赢脱贫攻坚，还是脱贫成果的巩固，都离不开创新驱动。巩固脱贫成果的任务艰巨，而创新是发展的第一动力，巩固拓展脱贫攻坚要向创新要动力，要注重发挥创新的重要引领作用，协同推进科技创新、模式创新、制度创新、教育创新、金融创新等一系列创新，通过全面创新为巩固、扩展脱贫攻坚成果提供强大动力。

二、有助于促进西部地区脱贫攻坚与乡村振兴的有机衔接

消除绝对贫困之后，关键要做好巩固拓展脱贫攻坚成果同乡村振兴有效衔接各项工作，让脱贫基础更加稳固、成效更可持续，这是"十四五"期间我国农村工作的核心任务[1]。西部地区作为我国脱贫攻坚的主战场和乡村振兴的主阵地，是新阶段推进巩固拓展脱贫攻坚成果同乡村振兴有效衔接的重点区域。近年来，西部地区脱贫攻坚向乡村振兴过渡中存在返贫风险较大、乡村振兴基础薄弱、乡村产业发展可持续性低、人才缺乏、治理体系尚有不足等现实困境[2]。推进脱贫攻坚与乡村振兴有效衔接的主线任务是增强脱贫地区、脱贫人口自我发展的内生动力。而创新发展恰恰注重的是解决发展动力问题，创新能够推动科技发展，推动社会生产力发展，推动生产关系和社会制度变革，推动人类思维和文化发展。但对西部地区而言，创新发展动力明显不足。因此，这一突出问题亟待解决，西部地区应以科技创新为重点，协同推进观念创新、制度创新、组织创新、文化创新、产品创新和市场创新，为产业兴旺营造创新环境，为乡村治理引入创新人才，为乡风文明增添创新基因，为宜居乡村提供创新模式，扎实推进巩固拓展脱贫攻坚成果同乡村振兴有效衔接。

三、有助于加速西部地区乡村振兴的全面推进

从乡村振兴发展水平来看，我国各区域乡村振兴发展水平存在明显差异，西部地区呈现落后的发展态势[3]，原因主要是受自然资源制约、基础设施不完善、产业发展基础不牢、吸引人才的体制机制不健全，西部地区实现乡村振兴还存在一定困难[4]。进入新发展阶段，需深入贯彻新发展理念，全面推进乡村振兴。在新发展理念中，创新发展摆在首位，党中央提出，要坚决走创新驱动乡村振兴发展道路，走好这一道路关键在于发挥好创新的支撑引领作用，推动乡村实现创新驱动发展。从根本上来说，乡村振兴要依靠创新驱动，创新产业融合模式为农业产业兴旺培育新动能，创新生态文明治理为农村生态宜居提供新方案，创新文化传承为农村乡风文明引领新风尚,创新村民自治模式为农村治理有效构建新模式，

创新体制机制盘活乡村优势资源，为农民生活富裕拓展增收新空间，创新人才培养模式激活乡村内生动力。由此可知，积极推进创新驱动发展战略与乡村振兴战略深度融合，发挥科技第一生产力、创新第一动力的重要作用，实行创新驱动乡村振兴发展，既是全面贯彻习近平新时代中国特色社会主义思想和党的二十大精神的必然要求，也是加速推进乡村振兴的有效路径。

四、有助于推动西部地区中国式现代化的建设进程

百年来，党和国家领导人不断推进理论创新、实践创新、制度创新、科技创新等各方面创新，开创了中国式现代化道路。在新征程中，全面建设社会主义现代化国家，以中国式现代化推进中华民族伟大复兴，仍然需要不断创新。党的二十大报告总结了中国式现代化的五大特色，这与新发展理念具有内在统一性。新发展理念是推进中国式现代化的指导原则和理论遵循，有机统一于中国式现代化建设的实践中。后脱贫时代，西部地区呈现出相对贫困人口规模大、相对贫困程度深以及相对贫困维度广的现实图景，又面临着显著的空间特征、返贫致贫风险高以及内生动力不足的困境[5]。"十四五"期间，西部脱贫地区还需接续推进农村居民收入实现较快增长，不断增强内生发展动力。对于发展相对滞后的西部地区来说，近年来内生动力较弱，并不完全具备创新驱动的实质性条件，这是制约西部地区现代化发展的重要因素。进入以中国式现代化全面推进中华民族伟大复兴的新发展阶段，发展方式已由要素驱动和投资驱动转向创新驱动[6]。也就是说，创新成为现代化的第一动力，西部地区应转向依靠创新驱动的发展方式，大力促进创新要素的区域间流动与聚集，以提高区域创新驱动能力。此外，还要全面贯彻新发展理念，坚持创新在西部地区现代化建设全局中的核心地位，以创新发展为西部地区中国式现代化道路提供动力牵引[7]，以创新发展为西部地区中国式现代化新道路奠定物质基础[8]。

五、有助于推进西部地区的共同富裕

长期以来，西部地区社会发展难以取得突破性发展，其深层次原因在于西部地区自身"造血功能"不足，而提升西部地区自身"造血"能力的关键在创新。因此，立足新发展阶段，西部地区在脱贫攻坚取得胜利后，需要把创新摆在发展全局的核心位置，发挥创新的基础性作用，以科技创新引领实体经济，金融创新支持实体经济，管理创新服务实体经济，推动经济高质量发展。近年来，西部地区大力实施创新驱动发展战略，更加重视创新环境营造，同时推进资金、技术、

人才等创新要素向西部欠发达地区流入，吸收创新要素夯实农村基础设施建设，使创新成为高质量发展的强大动能，助力实现共同富裕。推进共同富裕取得实质性进展，必须把创新摆在发展的核心位置。习近平总书记强调："创新是一个民族进步的灵魂，是一个国家兴旺发达的不竭动力，也是中华民族最深沉的民族禀赋。"①通过创新，促使经济保持高质量发展；通过建设创新型国家，破解"卡脖子"难题；通过实施创新驱动发展战略，提高社会劳动生产率，提高群众收入水平，为共同富裕打下坚实基础。

第二节　西部农村地区高质量发展创新驱动的方向

一、提高产业发展水平，助力乡村产业振兴

中央农村工作会议指出，"要加快发展乡村产业"；《国务院关于促进乡村产业振兴的指导意见》也提到，"坚持农业农村优先发展总方针，以实施乡村振兴战略为总抓手，以农业供给侧结构性改革为主线，围绕农村一二三产业融合发展""加快构建现代农业产业体系、生产体系和经营体系，推动形成城乡融合发展格局，为农业农村现代化奠定坚实基础"[9]。西部农村地区脱贫攻坚后，在经济发展的过程中应注重农村振兴发展。在振兴工作中，产业振兴是其重中之重和主要切入点。要想更好地帮助农村发展经济，需要对农村产业进行高质量发展创新驱动，注重产业创新，积极促进产业升级。产业兴旺是乡村振兴的前提和基础，西部农村地区脱贫攻坚后应立足资源比较优势发展优势产业，瞄准特色优势产业，因地制宜发展特色产业，大力推动一、二、三产业融合发展，不断延伸产业链、打造供应链、提升价值链，通过高质量发展创新驱动来大力发展富民产业，进一步拓宽群众致富渠道，稳定收入的来源，通过政府扶持、引导，加大民族特需用品加工业的技术改造和技术创新，全面提高民族特需品企业的整体实力和市场竞争力[10]。

二、加强生态建设，完善公共服务

《中共中央　国务院关于打赢脱贫攻坚战的决定》也明确指出，"把生态保护放在优先位置，扶贫开发不能以牺牲生态为代价，探索生态脱贫新路子，让贫困人口从生态建设与修复中得到更多实惠"。对于促进生态功能区绿色可持续发展和巩

---

① 创新是中华民族最深沉的民族禀赋（学术随笔），http://paper.people.com.cn/rmrb/html/2023-07/24/nw.D110000renmrb_20230724_3-09.htm。

固农户脱贫成果，进而使全国人民同步享受改革发展成果、提高生活水平、同步实现公共服务均等化意义特殊而重大[11]。西部农村地区脱贫攻坚后，应继续着力在产业发展中保护生态环境，在生态保护和修复中培育新的经济增长点，不断提升绿色生态产业的发展质量，践行绿水青山就是金山银山理念，以高质量发展创新驱动打造以生态优先、绿色发展为导向的模式，促进农村生产生活生态协调发展，逐步实现建设美丽乡村的目标。

三、补基础教育短板，构建教育保障机制

2021年5月，教育部等四部门印发《关于实现巩固拓展教育脱贫攻坚成果同乡村振兴有效衔接的意见》，对进一步巩固拓展教育脱贫攻坚成果，有效衔接乡村振兴战略，接续推动脱贫地区发展和乡村全面振兴做出要求[11]。教育是阻断贫困代际传递的治本之策，在西部农村地区脱贫攻坚中，教育充分发挥了基础性、先导性和全局性的作用。通过实施一系列教育脱贫攻坚战略举措，推动农村地区教育面貌发生格局性变化，为阻断贫困代际传递奠定了坚实基础，也为全面建成小康社会做出了历史性贡献。党和政府建立了一整套上下联动、统筹协调的教育脱贫攻坚领导决策体系、责任落实体系、政策制度体系、对口联系机制等，为打赢教育脱贫攻坚战提供了坚强支撑，为全面推进乡村振兴积累了宝贵经验。在西部农村地区脱贫攻坚任务完成后，一是建立长效机制，进一步优化、完善家庭经济困难学生资助体系，精准对接防止返贫监测和帮扶机制，及时将返贫和致贫家庭适龄人口纳入教育资助范围；二是巩固教育脱贫攻坚成果，要与乡村振兴有效衔接。保持现有教育脱贫攻坚政策总体稳定，把工作重心逐步转移到防止返贫致贫上来，要做好过渡期内政策衔接，延续、优化现有帮扶政策，推动一些行之有效的教育帮扶特殊政策向常规性、普惠性、长期性政策转变，确保政策和工作平稳过渡，促进振兴乡村教育和教育振兴乡村的良性循环；三是要提升教育服务乡村能力，加快培养教育创新体系。加大涉农高校、涉农专业建设力度，加快培养拔尖创新型、复合应用型、实用技能型农林人才，实施高等学校乡村振兴科技创新行动计划，加快构建高校支撑乡村振兴的科技创新体系。

四、完善乡村治理机制，培育乡村旅游经济

党的十九届五中全会提出"优先发展农业农村""实施乡村建设行动"。乡村建设问题一直是国家发展过程中的核心议题之一[12]，中央农村工作会议把"加强和改进乡村治理"作为重要内容，明确提出创新乡村治理方式，提高乡村善治水

平。在新时代特别是"三农"工作重心转移至全面实施乡村振兴战略的背景下，乡村治理具有重要意义。一是有效的乡村治理能为乡村振兴培养积极的参与主体。实施乡村振兴是为了满足广大农民日益增长的美好生活需要、促进农民富裕富足，同时也离不开广大农民的积极参与，乡村治理鼓励和引导农民在基层政府带领下积极参与乡村建设行动，从而更好地发挥广大农民的主观能动性。二是有效的乡村治理能为乡村振兴提供良好的社会秩序，让农民成为发自内心的自我约束和自我管理，自觉担当乡村公序良俗的维护者和倡导者。通过对法治与德治的合力并举，良善的乡村治理不仅能推动乡村形成良好的道德风尚、维护农民的合法权益，而且有助于乡村社会防范风险、化解矛盾。此外，一部分学者认为旅游发展对乡村建设有积极的促进作用，具有发展潜力大、关联度高、带动力强、拉动内需等明显的特点，发展乡村旅游，实施"以游助农"方略，能够提升农村核心竞争力，带动农民致富，推动农业产业结构调整，发挥旅游在社会主义新农村建设中的积极作用[13-14]。乡村旅游是第一产业与第三产业结合的重要切入点，是继工业化发展之后的另一条实现乡村经济振兴的绿色低碳发展道路，也是优化产业结构体系的重要途径，能够培育乡村经济发展新动能，转变乡村经济发展方式[15]。西部农村地区脱贫攻坚后，应当高质量发展创新驱动，大力发展乡村旅游，田园综合体作为现代乡村旅游新业态，能实现乡村三产深度融合，推动农业供给侧结构性改革，带动农村经济的发展，促进乡村统筹发展及乡村振兴战略的实施[16-17]。乡村旅游是推动乡村治理重构的重要驱动力，既为乡村治理水平的提升提供了契机，又催生了乡村治理水平提升的内在动力，能够提高乡村治理现代化水平[18-19]。

五、加强基本民生保障，提升公共服务水平

2021 年 7 月，中共中央政治局召开会议对下半年经济工作做出部署，对做好民生保障提出明确要求，民生是人民幸福之基、社会和谐之本。在以习近平同志为核心的党中央坚强领导下，我们统筹国内国际两个大局、统筹风险防控和经济社会发展，坚持在发展中保障和改善民生，统筹做好就业、收入分配、教育、社保、医疗、住房、养老、托幼等各方面工作，让发展成果更多、更公平地惠及全体人民，不断满足人民日益增长的美好生活需要。西部农村地区完成脱贫攻坚后，应高质量发展创新驱动，善用科创新极点解决西部农村地区的就业、教育、社保、医疗、住房等实际问题，民生连接着内需，连接着发展，抓民生也是抓发展。持续不断改善民生，既能有效解决农民的后顾之忧，调动农民发展生产的积极性，又可以增进农村消费预期，扩大内需，催生新的经济增长点，为经济发展、转型升级提供强大内生动力。全面把握民生和发展相互牵动、互为条件的关系，为农

村经济发展创造更多有效需求，使民生改善和经济发展有效对接、良性循环、相得益彰。具体而言，一是强化高校毕业生就业服务，畅通农民工外出就业渠道，改进对灵活就业农村人员的劳动权益保障；二是推进基本养老保险全国统筹，完善西部农村地区生育、养育、教育等政策配套；三是抓好秋粮生产，确保口粮安全，稳定生猪生产；四是做好农村安全生产和公共安全预防措施，加强防灾减灾和应急体系建设。保障和改善民生没有终点，只有连续不断的新起点。做好农村民生保障，持续提升农村公共服务水平，有效衔接乡村振兴是西部农村地区脱贫攻坚后增进民生福祉的必由之路[20-21]。

综上，做好巩固脱贫攻坚成果同乡村振兴的有效衔接，高质量发展创新驱动，在脱贫攻坚和乡村振兴要在产业发展、生态建设、文化教育、乡村治理和民生保障五个方面建立共通机制，让二者协调发展、互促共进，长效发展，对于实现"两个一百年"奋斗目标具有重要意义。

第三节　西部农村地区高质量发展创新驱动的典型实践案例

一、以"三园"建设为载体，以现代农业田园化为主攻方向的高质量发展创新驱动的四川苍溪实践

（一）苍溪县基本情况

苍溪县地处四川盆地北缘、秦巴山脉南麓、嘉陵江中游，面积为 2334 平方千米，2017 年苍溪县通过"六个比对"信息核实，锁定国家子系统全县建档立卡贫困人口 27 061 户 92 193 人，当年度贫困发生率为 12.13%。由于苍溪县所处地理环境复杂，其贫困问题突出，呈现出趋区域贫困难域聚集分布的总体趋势，全县贫困发生率呈现东北高、西南低的态势，与当地自然环境条件在地理空间上出现较高程度的重叠，且"插花式"贫困情况多，致贫因素复杂、区域贫困难题较多[22]。曾经是集山区、革命老区、贫困区为一体的国家级扶贫工作重点县——苍溪县，于 2019 年正式脱贫摘帽[23]，2021 年实现地区生产总值 196.91 亿元，按可比价格计算，同比增长 7.6%。其中，第一产业增加值 54.32 亿元，增长 7.6%；第二产业增加值 60.88 亿元，增长 5.4%；第三产业增加值 81.71 亿元，增长 9.3%。三次产业对经济增长的贡献率分别为 28.2%、21.4% 和 50.4%，分别拉动经济增长 2.2、1.6 和 3.8 个百分点，三次产业结构比由 2020 年的 28.3∶30.5∶41.2 调整为 2021 年的 27.6∶30.9∶41.5。全体居民人均可支配收入 23 350 元，同比增长 10.2%。其中，城镇居民人均可支配收入实现 37 671 元，同比增长 9.2%；农村居民人均

可支配收入实现 16 077 元，同比增长 10.6%[①]。

（二）苍溪县以"三园"建设为载体，以现代农业田园化为主攻方向的高质量发展创新驱动的实践

苍溪县实践以土地整治规划、脱贫规划、产业规划多规合一总体布局，通过实施土地整治项目，带动特色产业发展，引领贫困户实现造血式脱贫。由"县建产业园、村建帮扶园、户建自强园"三园共建，积极推行"大园区带小庭园"发展模式，联动发展特色田园农业产业[24]，创新形成了以一条"小规模、组团式、微田园、生态化"为特点的脱贫产业高质量发展创新驱动路径。

具体做法：一是实施土地整治项目，改善土地资源情况，有效改善农业生产基础条件，为苍溪县产业高质量发展打下坚实基础。2018 年 4 月出台《关于超常规推进增减挂钩项目的实施意见》，通过增减挂钩节余指标可在省域范围内流转交易，创新驱动鼓励各地充分利用城乡建设用地增减挂钩政策开展脱贫攻坚后高质量发展，截至 2019 年，全县搬迁入住 609 户、2112 人，入住率达 100%，全面完成搬迁安置任务；二是围绕产业高质量发展，创新提出"一村一品"兴产业、"一户一园"推动高质量发展，坚持大园区带小庭园"全域园区"的建设路子，确定猕猴桃、健康养殖、道地中药材"三大百亿"农业产业集群项目，还建立起县镇村 3 级土地流转平台，出台《自强农场培育实施方案（2019—2022 年）》，倡导每户建设 1 个 1 亩以上的经济产业园或适度规模养殖场，大力发展家庭现代农场，确保群众稳定受益，长久致富[25]。

二、以"五个创新"为载体，以激发主体内生动力为主攻方向的高质量发展创新驱动的广西田东实践

（一）田东县基本情况

田东县位于广西壮族自治区百色市，地处广西西部，全县面积 2816 平方千米，曾是国家扶贫工作的重点县。截至 2015 年，全县共有 53 个贫困村、13 276 户贫困村、52 109 名贫困人口，贫困发生率达到 15.01%。但随着脱贫攻坚工作持续进行，田东县贫困发生率逐渐降低，截至 2018 年底降至 2.16%，其中有 10 984 户共 44 143 人实现脱贫，40 个贫困村成功摘帽。2021 年，该地区实现地区生产总值 194.26 亿元，按可比价计算，比上年增长 10.6%，其中，第一产业增加值 45.78

---

① 苍溪县 2021 年国民经济和社会发展统计公报—苍溪县人民政府，https://www.cncx.gov.cn/news/show/20220427175939927.html。

亿元，增长 10.1%；第二产业增加值 89.26 亿元，增长 14.3%；第三产业增加值 59.22 亿元，增长 6.3%。三次产业结构比从 2020 年的 25.47∶41.27∶33.26 调整为 2021 年的 23.57∶45.95∶30.48。田东县 2021 年全县居民人均可支配收入达到 27 288 元，比上年名义增长 9.1%，其中城镇居民人均可支配收入为 39 417 元，比上年同期名义增长 8.2%；农村居民人均可支配收入为 19 252 元，比上年同期名义增长 9.9%[①]。

（二）田东县以"五个创新"为载体，以激发主体内生动力为主攻方向的高质量发展创新驱动的实践

田东县实践以"五个创新"为载体，即创新五步工作法，创新金融帮扶，创新产业脱贫，创新社会帮扶，创新绩效考评五大创新，从干部到群众[26]，从上至下，从思想再造到制度支持，有效解决"等靠要"等问题，构建可持续脱贫攻坚后高质量发展创新驱动机制。

具体做法：一是精准实施产业就业，推动特色农业产业发展，培育创新型经营主体，推动一、二、三产业深度融合发展，实现合作社、产业发展方案等帮扶相对贫困农民发展的合作机制全覆盖[27]；二是充分发挥生态文化资源优势，以芒果产业为先头产业推进产旅融合，以田东独特的自然资源发展壮大乡村旅游经济，让村民能在家门口实现就业增加收入。以红色文化助推文旅产业高质量发展，建成具有田东特色的农业休闲园区群，如天成（田东）国家有机农业综合体；三是提升职业技能，实施《田东县 2020 年雨露计划扶贫培训工作实施方案》，对参与职业学历教育的学生提供 1000～2000 元的助学资金，还为 16～60 周岁的青壮年劳动力提供短期技能培训，补助资金主要用于培训费、伙食费、住宿费、交通费、误工费等，实行差异化补助，以奖代补鼓励农户考取职业资格证书，推进专家手把手指导发展科学种养业[28]。

三、以农牧业为载体，以创新沙地农业技术和养殖业规模化为主攻方向的高质量发展创新驱动的内蒙古库伦旗实践

（一）库伦旗基本情况

库伦旗位于内蒙古自治区通辽市，地处通辽市西南部，占地总面积为 4714 平方千米，多为土石成山、黄土丘陵沟壑、沙化浸岗、沙沼坨甸等类型区域，生

---

① 2021 年田东县国民经济和社会发展统计公报，http://www.gxtd.gov.cn/xxgk/zfxxgkzl/fdzdgknr/sjfb2/tjgb/t13271774.shtml。

态环境恶劣。库伦旗总人口 17.8 万，其中农业人口 13.8 万，占人口总数的约 78%[29]。农业人口的高占比使得库伦旗经济对自然环境有高度依赖性，然而库伦旗存在风蚀、水蚀、干旱和严重的水土流失等生态问题，造成境内生态严重失衡、农牧业发展受到自然灾害的迫害增加，导致全旗曾长期处于贫困状态[30]。全旗在党中央的指挥下，努力拼搏，在 2021 年实现地区生产总值 55.59 亿元，按可比价格计算，同比增长 3.3%，其中，第一产业增加值 21.4 亿元，同比增长 3.6%；第二产业增加值 3.52 亿元，同比下降 7.1%；第三产业增加值 30.67 亿元，同比增长 4.3%[31]。三次产业结构比由 2020 年的 37.5∶6.5∶56 调整为 2021 年的 38.5∶6.3∶55.2。库伦旗 2021 年全体人均可支配收入达到 20 764 元，同比增长 9.2%，其中，城镇居民人均可支配收入为 30 799 元，同比增长 8.4%；农村牧区居民人均可支配收入为 14 895 元，同比增长 10.6%①。

（二）库伦旗以农牧业为载体，以创新沙地农业技术和养殖业规模化为主攻方向的高质量发展创新驱动的实践

库伦旗实践以农牧业为载体，立足库伦旗重点生态保护开发区的国家生态功能区定位，建设绿色与有机农畜产品生产加工输出基地和发展绿色生态文化旅游[32]，构建了从饲料种植、加工到规模化、集约化畜牧养殖业，开展了全链式高质量发展创新驱动的实践。

具体做法：一是围绕"绿色立旗"发展战略，走绿色高质量发展之路，通过加深院校与企业的合作，致力于寻找符合库伦旗农牧业的产业发展机制。这种机制由多方合作构建以促进库伦旗农牧业高质量发展，而库伦旗近年来也逐渐形成公司+基地+合作社+种植大户+庭院种植的产业发展机制。如内蒙古绿洲食品有限公司，该公司主要生产绿色果蔬，依靠中国科学院和内蒙古民族大学的技术指导，通过流转土地、合作生产、订单种植等方式带动当地 1200 多户家庭种植绿色果蔬，实现年均收入 3000 元以上。二是库伦旗紧紧抓住了牛、羊、驴主导产业，从资金、政策、技术等方面加大力度，充分发挥合作社、养殖大户作用，鼓励"小规模、大群体"模式发展，带动农户发展养殖业，引导农民养殖致富。三是以科技创新，积极探索种鸭、绿壳蛋鸡、北京油鸡等品种规模化养殖，促进农牧民养殖品种多元化，确保农牧民增收增产。

---

① 库伦旗 2021 年国民经济和社会发展统计公报库，http://www.kulun.gov.cn/klq/tjxinxi/2022-04/20/content_df37f3534967464799cf44792a10bbef.shtml。

四、以马铃薯产业为载体，以科学培育良种和"四薯并进"为主攻方向的高质量发展创新驱动的宁夏西吉实践

（一）西吉县基本情况

西吉县位于宁夏南部黄土丘陵地带，占地总面积 3130 平方千米。西吉县现辖 4 镇 15 乡，是宁夏人口第一大县，2021 年农业人口占比超过 85%[33]。西吉县内资源匮乏，气象灾害频发，是我国曾经重点帮扶的三西地区之一，也是六盘山集中连片特色地区之一[34]。2021 年西吉县是宁夏地区环境最艰苦的地区之一，该县有 234 个脱贫村，占宁夏的 22%[35]。2021 年，该县实现地区生产总值 80.69 亿元，比上年增长 4.0%。其中，第一产业增加值 20.74 亿元；第二产业增加值 11.31 亿元；第三产业增加值 48.64 亿元。三次产业结构比由 2020 年的 29.1∶13.6∶57.3 调整为 2021 年的 25.7∶14.0∶60.3。全县城镇居民人均可支配收入为 31 240.9 元，农村居民人均可支配收入为 12 772.4 元城乡居民人均可支配收入比为 2.45[①]。

（二）西吉县以马铃薯产业为载体，以科学培育良种和"四业并举"为主攻方向的高质量发展实践

西吉县以马铃薯产业为载体，大力发展"一特三高"现代化农业，其中"一特"是指特色，"三高"是指高质、高端和高效。在中国农业科学院的帮助下，西吉县打破产量降低、植株变矮的种薯退化的魔咒，科学培育良种，严格按照马铃薯种植繁育、产品销售、淀粉生产以及主食开发四条路径共同推进的路子，致力于将本县打造成为全国马铃薯种植生产大县和薯制品生产加工强县。同时西吉县在马铃薯产业提质增产的基础上，进一步完善三级繁育体系建设，发展无公害、绿色马铃薯产品，提高质量安全水平，加快转变农业发展方式，推进农业结构调整，推动一、二、三产业深度融合发展，构建现代化农业产业、生产以及经营体系一体化发展，走出一条高效、安全、节约的现代化农业生产道路[36]。

具体做法：一是西吉县通过制定并完善马铃薯产业发展规划、破解农业技术发展瓶颈和开展农业技术咨询服务、建立农业科技创新成果展示基地等各项推进农业高质量发展的工作。多措并举助力西吉县马铃薯产业高质量发展，全县马铃薯产业种植面积、马铃薯产量以及马铃薯效益实现大幅度提升，并且西吉县被誉为是"国家农业（脱毒马铃薯生产）标准化示范县""全国绿色食品原料马铃薯标准化生产基地"；二是西吉县为推动马铃薯产业品牌，不断优化良种良法配套，健

---

① 西吉县 2021 年国民经济和社会发展统计公报，http://www.etmoc.com/eWebEditor/2024/20240203010755719.pdf。

全繁育体系，完善销售体系，加大龙头企业引领，提升产业加工能力，建立马铃薯相关配套产业示范基地、研发中心，如在西吉县吉强镇万崖村修建马铃薯技术研发中心、马铃薯种薯快繁中心和交易市场等[37]。

五、以"党建+合作社"为载体、以落实富民增收产业为主攻方向的高质量发展创新驱动的甘肃金塔实践

（一）金塔县基本情况

金塔县隶属于甘肃省酒泉市，地处甘肃北部，现辖 7 镇 2 乡和一个城市社区管委会，全县总面积 1.88 万平方千米。金塔县总人口近 15 万，常住人口 12.2 万人，县内有满族、回族、白族等 15 个少数民族[38]。金塔县在中国共产党的领导下，努力拼搏奋斗，使得全县人民过上幸福美好的生活。2021 年金塔县全县实现生产总值 77.9 亿元，比上年增长 9.4%，其中，第一产业增加值 33.3 亿元，比上年增长 13.1%；第二产业增加值 19 亿元，增长 5.5%；第三产业增加值 25.6 亿元，增长 7.5%。三次产业结构比由 2020 年的 41.4：23.1：35.5 调整为 2021 年的 42.8：24.3：32.9。按常住人口计算，全县人均生产总值达到 59 127 元[39]。全县农村居民人均可支配收入 22 192 元，同比增长 10.3%；城镇常住居民人均可支配收入为 40 221 元，同比增长 6.7%①。

（二）金塔以"党建+合作社"为载体、以落实富民增收产业为主攻方向的高质量发展创新驱动的实践

金塔县实践以落实富民增收产业为主攻方向，以"党建+合作社"为载体，坚持"一户一策""一事一议"，全面推行"一肩挑"、做优"合作社"、做强"产业链"三措并举，因地制宜、因村施策，全力发展壮大村级集体经济。

具体做法：一是突出重点，落实富民产业帮扶、夯实基础帮扶、民生保障帮扶与党建引领帮扶。金塔县制定出台相关政策文件，加强村党组织带头人队伍建设，探索推行"党建+合作社"产业发展新模式，以党建为引领助力乡村振兴发展[40]。二是立足村情实际，制定《金塔县 2020 年发展壮大村级集体经济实施方案》，帮扶干部积极宣传产业扶持政策，大力发展高效农业，如蔬菜、特色林果、养殖业、中药材等促进农民增收致富，同时发展小庭院、小家禽、小手工、小买卖以及小作坊等"五小"产业[41]，培育了一大批优质特色农产品品牌，如"年公"

---

① 金塔县 2021 年国民经济和社会发展统计公报，https://www.jtxzf.gov.cn/jintaxian/c101811/202204/77d2db6adab644b7ae8d719dbfa52adf.shtml。

"若水明珠""陇友""金塔黑醋"等品牌，远销北京、上海等一线城市，激活增值了村集体资产，释放了最优产业动能[42]；三是深入贯彻落实创新驱动发展理念，将"订单农业"作为推进农业高质量发展的重要举措。金塔县依靠当地龙头企业的带动，构建"企业+基地+农户"发展模式，能提高当地农产品产量，也能规避农户种植风险，实现当地农民增收致富的目标。实现了产业增效、农民增收。截至 2020 年，金塔县共建成 58 家农业产业化企业，带动全县种植特色产业 14 万亩，主要农产品加工转化率达到 80%以上[43]。

六、以绿特资源为载体、以做优现代康养产业为主攻方向的高质量发展创新驱动的重庆石柱实践

（一）石柱县基本情况

石柱土家族自治县（简称石柱县）隶属重庆，位于重庆东部地区，下辖地区 3 个街道、17 个镇、13 个乡[44]。县域总面积约 3014 平方千米，其中，耕地面积约 563.89 平方千米。石柱县总人口 54.18 万人，主要是以土家族为主，共有 29 个民族。石柱县资源、物产富饶，是中国的"黄连之乡""辣椒之乡"，全国最大的莼菜生产基地，也是全国绿化模范县、绿色小康县、民族团结进步示范县。在 2019 年 4 月，石柱县成功摘除国家级贫困县"帽子"，全县脱贫攻坚战取得全面胜利。2021 年，石柱县实现地区生产总值 186.54 亿元，较 2020 年增长 7.8%，其中，第一产业增加值 33.86 亿元，第二产业增加值 43.25 亿元，第三产业增加值 109.43 亿元。三次产业结构比由 2020 年的 18.3∶28.4∶53.3 调整至 2021 年的 18.1∶23.2∶58.7。"大康养"经济占生产总值比重达到 51.0%。按常住人口计算，人均地区生产总值为 48 004 元[45]，比上年增长 7.7%。全年全县常住居民人均可支配收入为 27 735 元，较上年增长 9.5%。按常住地分，农村居民人均可支配收入 17 156 元，增长 11.0%；城镇居民人均可支配收入为 40 467 元，增长 8.8%。城乡收入比由上年的 2.41∶1 调整优化为 2.36∶1①。

（二）石柱以绿特资源为载体、以做优现代康养产业为主攻方向的高质量发展创新驱动的实践

石柱实践以做优现代康养产业为主攻方向，以绿特资源为载体，从石柱县情出发，加速构建以人地钱三要素激活机制，聚焦"全域康养、绿色崛起"的发展

---

① 石柱土家族自治县 2021 年国民经济和社会发展统计公报，http://www.etmoc.com/eWebEditor/2022/20220528130056158.pdf。

主题，大力推动石柱现代山地特色高效农业、绿色生态工业、康养休闲旅游业等产业高质量发展，逐步形成产业完整、业态丰富、功能齐全的现代康养产业体系。

具体做法：一是坚持绿色有机方向，做优做强以中药材产业、特色果蔬产业、生猪产业、中蜂产业为代表的现代山地特色高效农业，做大做强以优质农产品和中药材为重点的精深加工业、以智能终端为重点的电子信息业、以机械设备为重点的康养制造业、以风电为重点的清洁能源产业为代表的绿色生态工业，并依托石柱县内绿特资源、民族特色、红色文化等特色资源，开发并打造如"天上黄水"等"康养石柱"品牌；二是发布了重庆市区县首个康养白皮书，构建了以观养、住养、动养、文养、食养、疗养和康养制造为支撑的"6+1"大康养产业体系，发展现代大康养产业，强化石柱在康养领域影响力[46]；三是以"全国生态康养胜地建设"为中心，完善了利益连接链与拓展增收链，不断推进产业转型，山地现代高效农业体系基本形成，截至 2021 年，石柱累计培育县级以上农业龙头企业72 家，农民专业合作社 982 个。全县持续培育打造农业品牌，新认证绿色食品 8个、有机（转换）农产品 11 个，新评定市级名牌农产品 9 个，累计认证"三品一标"等品牌农产品 286 个、总产量达 38 万余吨，[47]并且号称黄连之乡的生产系统被农业农村部公布为中国重要农业文化遗产。

七、以"龙头企业+农民专业合作社+产业大户"为载体、以打造"1+N"产业帮扶新格局为主攻方向的高质量发展创新驱动的云南勐腊实践

（一）勐腊县基本情况

勐腊县隶属云南省西双版纳自治州，位于云南省最南端，现辖 8 镇 2 乡，县域总面积 6860.76 平方千米，其中山地面积占 96.1%，坝区面积占 3.9%。截至 2021年常住人口 30.62 万人，其中少数民族占绝大多数，有傣、哈尼、彝、瑶等 39 个少数民族[48]。2019 年以 0.89%的综合贫困发生率，零漏评、零错退，群众认可度95.92%的成绩通过云南省贫困县退出专项评估检查。2021 年全县生产总值为1 435 034 万元，按可比价格计算，同比增长 9.0%。其中，第一产业增加值 547 303万元，同比增长 8.7%；第二产业增加值 229 025 万元，增长 16.2%；第三产业增加值 658 706 万元，同比增长 7.1%。三次产业结构比由 2020 年的 37.4∶14.4∶48.2调整至 2021 年的 38.1∶16.0∶45.9。人均地区生产总值 46 912 元，较 2020 年增长 8.3%。其中，城镇常住居民人均可支配收入 30 969 元，同比增长 10.3%；农村常住居民人均可支配收入 14 259 元，同比增长 11.6%。[49]此外，非公有制经济增

加值 738 918 万元，同比增长 11.4%，占生产总值的比重为 51.5%[①]。

（二）勐腊以"龙头企业+农民专业合作社+产业大户"为载体、以打造"1+N"产业帮扶新格局为主攻方向的高质量发展实践

勐腊实践以打造"1+N"产业新格局为主攻方向，其中"1"是基础，以创新驱动传统产业做优做强；"N"是活力，多举并行推动新兴产业苗壮成长。以"龙头企业+农民专业合作社+产业大户"为载体，以村庄发展为基础，注重整体推进的发展思路，大力发展橡胶树和茶叶等特色农产业，创新推动休闲农业+旅游模式发展乡村旅游经济，同时鼓励农村电子商务发展，拓宽农产品销售渠道，不断激发内生动力，注入高质量发展创新驱动活力[50]。

具体做法：一是因村因地因户扶持发展有市场需求、经济效益好、前景好的产业，如橡胶、茶叶等具有特色的种植业；养殖牛、猪以及竹鼠等牧业，重点发展休闲+旅游模式的乡村旅游。通过制定农业产业发展实施方案，依托龙头企业、农村合作社以及农业大户，带动全县农业高质量发展。二是构筑"1+N"产业格局，积极为"茶业"创立品牌，采用"龙头企业＋合作社＋基地＋农户"的模式，打造茶产业示范园。三是根据农户发展情况与需求，选择"龙头企业+家庭农场""公司+合作社+农户"等模式，发展标准化生猪养殖业，多种模式优化产业布局，保障农户利益。四是多措并举、推广新兴产业的"N 模式"，形成政府、基金公司、企业、农户"四位一体"的产业发展模式，让养殖、热带水果、乡村旅游、电商等特色产业持续增收，惠及大量群众。勐腊县努力抓好农业产业发展，推动乡村实体经济振兴发展，提高农村增收致富能力，确保脱贫人口不返贫，增强农户自我脱贫能力，建设富裕、美丽、开放、幸福的勐腊[51]。

八、以"三变"改革为载体、以"八要素"引领农村产业革命为主攻方向的高质量发展创新驱动的贵州水城实践

（一）水城基本情况

水城隶属贵州省六盘水市，位于贵州省西部，共有 9 个街道、11 个镇、10 个民族乡，1 省省级经济开发区。水城总面积为 3040.73 平方千米。2021 年水城实现生产总值 345.42 亿元，同比增长 7.7%。其中，第一产业增加值 43.35 亿元，增长 8.0%；第二产业增加值 192.31 亿元，增长 7.1%；第三产业增加值 109.76 亿

---

① 勐腊县 2021 年国民经济和社会发展统计公报，https://www.ynml.gov.cn/452.news.detail.dhtml?news_id= 1444802。

元，增长 8.6%。三次产业结构比由 2020 年的 15∶55.1∶29.9 调整为 2021 年的 12.5∶55.7∶31.8。2021 年全区实现人均生产总值 55 332 元，较上年提升 11 598 元，增长 24.2%，另外，城镇居民人均可支配收入 35 076 元，同比增长率为 8.6%；农村居民人均可支配收入 12 512 元，同比增长率为 11.0%[①]。

（二）水城以"三变"改革为载体、以"八要素"引领农村产业革命为主攻方向的高质量发展实践

水城实践以"八要素"引领农村产业革命为主攻方向，以"三变"改革（资源变资产、资金变股金、农民变股东）为载体，以农业供给侧结构性改革为主线，深化"三变"改革，创新"1+1+N"（平台公司+村集体或村级合作社+[企业、合作社、农户]）模式，实现平台公司、经营主体、农户、村集体之间的共同发展，以措施联动、行业联动、平台联动、技术联动四联动搭建平台，集聚农村分散的生产要素形成高质量发展创新驱动的合力。

具体做法：一是深耕产业"八要素"，推动产业发展和农村产业结构调整向纵深发展，按照"一县一业"要求，坚持把猕猴桃产业和茶叶产业作为水城县的主导产业，扎实抓好刺梨、核桃、中药材等特色产业发展，以"凉都三宝"（猕猴桃、刺梨、茶叶）引领"八大亿元级农业产业"跨越发展，形成"八大特色产业"同步发展的良好格局[52]；二是发展示范农业，按照"一乡一品"的思路，结合各乡镇实际，采取集中连片、办示范点、种"试验田"等方式，坚持把产业发展与景区景点建设有机结合起来，把县内"九大交通干线"打造成产业线、文化线、旅游线、转型线、致富线；三是以"三变"改革为统揽和抓手，推广"龙头企业+基地+农户"生产经营模式，积极探索村企联合、产业连片、基地连户、股份连心、责任连体的"五连模式"，把公司、村级组织和农户打造成利益共同体，让老百姓从"旁观者"变成"参与者"，从"参股"变成"控股"，通过产业结构调整受益，让农村产业发展活力涌流，农业优势产业不断壮大，使农民实现持续增收[53]。

九、以社区工厂为载体、以招商办企稳岗就业为主攻方向的高质量发展创新驱动的陕西平利实践

（一）平利县基本情况

平利县面积 2647 平方千米，位于陕西东南部、陕鄂渝三省市交界处，是国家

---

① 水城区 2021 年国民经济和社会发展统计公报，http://www.shuicheng.gov.cn/newsite/zfsj/tjgb/202203/t20220322_73070637.html。

生态主体功能区、南水北调重要水源地，辖 11 镇、137 个行政村、15 个社区居委会，总人口 23 万[54]。2021 年平利县实现地区生产总值 104.07 亿元，比上年增加 7.8%。其中，第一产业增加值 14.55 亿元，增长 6.5%；第二产业增加值 60.52 亿元，增长 8.0%；第三产业增加值 29.0 亿元，增长 7.9%。第一产业增加值占生产总值的比重为 14.0%，第二产业增加值占比 58.1%，第三产业增加值占比 27.9%。全体居民人均可支配收入为 20 088 元，同比增长 9.5%。其中，农村常住居民人均可支配收入 12 978 元，同比增长 10.3%；城镇常住居民人均可支配收入为 30 394 元，同比增长 8.3%（城乡收入比为 2.34∶1）①。

（二）平利以社区工厂为载体、以招商办企稳岗就业为主攻方向的高质量发展创新驱动的实践

平利以招商办企稳岗就业为主攻方向，以社区工厂为载体，坚持党政统筹、能人带动、基地孵化、连锁推进，着力构建"五个统揽"指挥体系，多措并举助推平利县高质量发展。

具体做法：一是围绕"红色"目标任务、"黄色"问题短板、"绿色"完成结果的三色清单，聚焦短板弱项精准发力，高效提升全县产业高质量发展；二是由政府招商引资，提供"保姆式"服务，扶植工厂发展，同时利用政府支持与人力成本优势，推动工厂市场发展，着力建立"社区+工厂+居民"一体化生存模式；三是围绕劳动密集型手工业加工项目，着力优化环境，实施精准招商，坚持"总部建在园区，车间建在社区"，形成厂房式、门面式、居家合作式等灵活办厂方式，并设立专项基金，将社区工厂发展纳入各镇及相关部门年度目标责任制考核，建立"领导联厂、部门包厂、干部驻厂"长效发展机制[55]；四是充分发挥了市场在资源配置中的决定性作用，构建"产销精准对接、农企互利共赢"的消费发展格局，推动农村一、二、三产业融合发展[56]。

十、以项目建设为载体、以发展特色优势产业为主攻方向的高质量发展创新驱动的西藏贡嘎实践

（一）贡嘎县基本情况

贡嘎县总面积 2390 平方千米，位于西藏自治区山南市西北部，东邻扎囊县，西南与浪卡子县接壤，北面与拉萨市的曲水县、堆龙德庆区相连[57]。2021 年贡嘎县地区生产总值 23.6 亿元，按可比价计算，比上年增长 7%。其中，第一产业增

① 2021 年平利县国民经济和社会发展统计公报，https://www.pingli.gov.cn/Content-2415368.html。

加值 1 亿元，比上年增长 6.5%；第二产业增加值 10.6 亿元，比上年增长 5.7%；第三产业增加值 12 亿元，比上年增长 8.4%。在地区生产总值中，第一、二、三产业增加值所占比重分别为 4.33%、45.02%、50.65%。与上年相比，第一产业比重提高 0.02 个百分点，第二产业下降 8.1 个百分点，第三产业提高 8.08 个百分点。2021 年，贡嘎县农村居民人均可支配收入 18 576 元，增长 15.2%。全年社会消费品零售总额 2.59 亿元，比上年增长 11.6%。全年全县一般公共预算收入 1.14 亿元，比上年增长 3%。工业增加值 1.14 亿元，比上年增长 72.9%。建筑业增加值 9.49 亿元，按可比价计算，比上年增长 2%①。

（二）贡嘎以项目建设为载体、以发展特色优势产业为主攻方向的高质量发展创新驱动的实践

贡嘎以发展特色优势产业为主攻方向，以项目建设为载体，贯彻落实"五个一批"工作举措，坚持"四跟四走"产业发展模式，培育专业合作社，驾好"三驾马车"，探索"绿水青山"+"金山银山"生态发展之路，高质量助推人民高品质生活。

具体做法：一是成立农牧民专业合作社，依托中国科学院、西藏自治区科技厅项目建设支持，建立人工饲草基地、集中养殖基地、产品初加工基地，并通过人工草地入股合作社，享受保底收益和盈利分红，提供就业岗位等途径，推动合作社发展；二是从电子商务、实体经济、政策保障三方面驾好"三驾马车"，不断优化电子商务设备，建成电子商务公共服务中心、创业创新孵化基地、村级电商服务站、创客空间等硬件设施，形成县、镇、村三位一体的电商体系，驾好"网络马车"[58]；三是高度重视生态文明建设工作，坚持生态补偿与特色产业发展并重，探索"绿水青山"+"金山银山"的生态之路，将造林地块直接交由当地村委会负责，2021 年累计雇用当地农牧民群众 6 万余人次，购买当地树苗 200 余万株，为群众增收 7000 余万元；四是依托项目支撑，形成"农户＋技能培训、农户＋蔬菜基地"发展模式，驾好"实体马车"，做好政策保障，积极做好服务，调动企业积极性，推动企业做大做强，驾好"动力马车"。

十一、以文化资源为载体、以发展特色文化产业为主攻方向的高质量发展创新驱动的青海互助实践

（一）互助县基本情况

互助县总面积 3424 平方千米，位于青海省东北部，地处祁连山脉东段南麓、

---

① 2021 年贡嘎县国民经济和社会发展统计公报，http://www.gongga.gov.cn/。

黄土高原与青藏高原过渡地带，是土族最多、最为集中的地方，被誉为"彩虹的故乡"，总人口 40.16 万人，有土、藏、回、蒙等少数民族群众 11.39 万人，占全县总人口的 28.6%。其中，土族 7.58 万人，占全国土家族总人口的 32.3%，是全国唯一的土族自治县。2021 年互助县实现地区生产总值 125.73 亿元，按可比价格计算，比上年增长 4.6%。其中，第一产业增加值 25.04 亿元，同比增长 4.6%；第二产业增加值 43.77 亿元，同比增长 4.3%；第三产业增加值 56.92 亿元，同比增长 4.8%。三次产业结构比由上年的 20.36∶33.95∶45.69 调整为 19.92∶34.81∶45.27，第二产业比重较上年提升 0.86 个百分点，第三产业受市场影响，比重较上年下降 0.42 个百分点，产业结构总体平稳。全体居民人均可支配收入为 21 207 元、同比增长 9.1%。其中，农村常住居民人均可支配收入 36 006 元、同比增长 7.1%；城镇常住居民人均可支配收入为 13 939 元、同比增长 10.8%①。

（二）互助以文化资源为载体、以发展特色文化产业为主攻方向的高质量发展创新驱动的实践

互助以发展特色文化产业为主攻方向，以文化资源为载体，坚持产业发展，坚持"因村因户"对症开"药方"，精准施策、精准发力，依托厚实的农业基础、优良的生态环境、丰富的文化资源，着力建设现代农业示范县、生态经济强县、高原旅游名县。

具体做法：一是形成"非遗+旅游"的特色文化产业模式，利用盘绣、酩馏酒等国家级、省级非遗项目，积极开展"非遗进景区"活动，邀请民间艺人及传承人活态展示非遗，在实现非遗保护与旅游业发展的同时，促进农民群众增收[59]；二是形成了"非遗+旅游、传承+就业"良性链接的非遗传承模式，积极采用"公司+基地+农户"模式，建设盘绣产业基地，在高校组织民间盘绣艺人参加培训，提升盘绣技艺者的能力和水平；三是以技艺传承记忆，文化事业和文化产业并举，联合产生生产效应，坚持"以民为本、助农增收"，采用"公司+基地+农户""合作社+农户""景区（点）+农户"等模式，通过参与经营、入股分红、管理服务等方式，辐射带动周边农民增收致富，让乡村旅游成为带动当地农民增收致富的重要引擎；四是将"生态+"理念融入产业发展，大力发展康养休闲、中药材精深加工等生态利用型、循环高效型产业，优化产业结构，形成以生物制药、青稞酒酿造、民族工艺品及农副产品加工为主的绿色产业体系，绿色产业园成为全省工业转型升级 15 个重大产业基地之一，建成全国最大的青稞酒生产和原产地保护基地，在双国家级高原现代农业示范园区的引领下，建成一批特色制繁种基地、

---

① 互助县 2021 年国民经济和社会发展统计公报，http://www.huzhu.gov.cn/info/1054/13396.htm。

循环农业示范点、休闲观光农业示范基地，"互助当归""互助黄芪""互助大黄"成功申报国家农产品地理标志[60]。

十二、以特色产业为载体、以促进稳定就业增收为主攻方向的高质量发展创新驱动的新疆莎车实践

（一）莎车县基本情况

莎车县总面积 9037 平方千米，位于新疆西南边陲、昆仑山北麓、帕米尔高原南缘，塔克拉玛干沙漠和布古里沙漠之间的叶尔羌河冲积扇平原中上游，辖 15 个乡、14 个镇、5 个街道、2 个管委会，有维吾尔、汉、回、塔吉克等 13 个民族，少数民族占总人口的 93.6%。截至 2020 年拥有耕地 209 万亩，盛产多种农副产品，素有"瓜果之乡"的美誉，经济林净面积达到 148 万亩，果品年产量在 24.6 万吨以上，是全国最大的巴旦姆生产基地，被誉为中国巴旦姆之乡[61]。经过全县上下共同努力，2020 年现行标准下 56 968 户 235 752 名贫困人口全部脱贫，341 个贫困村出列，贫困县摘帽，莎车县委被授予"全国脱贫攻坚先进集体"。2021 年莎车县实现地区生产总值 1 545 061 万元，同比增长 6.0%。其中，第一产业增加值 525 821 万元，第二产业增加值 260 865 万元，第三产业增加值 758 374 万元，三次产业结构比调整为 34∶16.9∶49.1。全体居民人均可支配收入为 15 705 元，其中，农村常住居民人均可支配收入 10 523 元；城镇常住居民人均可支配收入为 27 693 元①。

（二）莎车以特色产业为载体、以促进稳定就业增收为主攻方向的高质量发展创新驱动的实践

莎车以促进稳定就业增收为主攻方向，以特色产业为载体，强化保障措施，因地制宜制定思路规划，通过培育壮大合作社、发展特色种植与庭院经济、发展设施农业、扶持村办工厂、落实安居富民工程等多种创新措施，推动高质量发展。

具体做法：一是牢固树立新发展理念，充分利用资源优势，发挥畜牧业在保障食物供给、繁荣农村经济、促进农民增收等方面的作用，围绕牲畜育肥、品种改良等重点工作，着力发展特色养殖业；二是建立就业台账，把控群众就业动态，成立就业工作领导小组，成立就业创业服务站，为就业创业提供优质服务，并通过项目建设、基层社会治理和公益性岗位等方式，以及利用卫星工厂、农贸市场、特色食品加工厂等产业，拓宽就业渠道；三是大力发展"老城改造+旅游文化"

---

① 莎车县 2021 年国民经济和社会发展统计公报，http://www.shache.gov.cn/scx/c108466/202309/68e16c46b854 48c284e9402fbc67b94f.shtml。

新业态，保护不可移动文物，挖掘历史文化建筑、民居，打造特色街巷和嵌入式居住小区，大力培育新兴业态，发展个体工商业，全面提升居民生活质量；四是围绕"绿"字做文章，全面加强生态环境保护，坚决打好污染防治攻坚战，完成国土空间规划，采取"长牙齿"的硬措施保护耕地，严格落实河（湖）长制，实施"井电双控"，2021年建设高效节水灌溉80万亩、高标准农田35万亩，生态环境质量总体改善；五是贯彻新发展理念，培育形成畜牧、纺织、煤炭、能源、文化旅游、现代物流等特色优势产业，采取点对点精准发力等措施，积极融入新发展格局。

第四节　本 章 小 结

本章主要阐述了西部农村地区高质量发展创新驱动的意义、方向和典型实践，具体如下。

西部农村地区高质量发展创新驱动的意义主要包括：一是有助于巩固和拓展西部地区的脱贫攻坚成果；二是有助于促进西部地区脱贫攻坚与乡村振兴的有机衔接；三是有助于加速西部地区乡村振兴的全面推进；四是有助于推动西部地区中国式现代化的建设进程；五是有助于推进西部地区的共同富裕。

西部农村地区高质量发展创新驱动的方向：一是提高产业发展水平，助力乡村产业振兴；二是加强生态建设，完善公共服务；三是补齐基础教育短板，构建教育保障机制；四是完善乡村治理机制，培育乡村旅游经济；五是加强基本民生保障，提升公共服务水平。

西部农村地区高质量发展创新驱动典型实践主要有：以"三园"建设为载体，以现代农业田园化为主攻方向的四川苍溪实践；以"五个创新"为载体，以激发主体内生动力为主攻方向的广西田东实践；以农牧业为载体，以创新沙地农业技术和养殖业规模化为主攻方向的内蒙古库伦旗实践；以马铃薯产业为载体，以科学培育良种和"四薯并进"为主攻方向的宁夏西吉实践；以"党建+合作社"为载体、以落实富民增收产业为主攻方向的甘肃金塔实践；以绿特资源为载体、以做优现代康养产业为主攻方向的重庆石柱实践；以"龙头企业+农民专业合作社+产业大户"为载体、以打造"1+N"产业帮扶新格局为主攻方向的云南勐腊实践；以"三变"改革为载体、以"八要素"引领农村产业革命为主攻方向的贵州水城实践；以社区工厂为载体、以招商办企稳岗就业为主攻方向的陕西平利实践；以项目建设为载体、以发展特色优势产业为主攻方向的西藏贡嘎实践；以文化资源为载体、以发展特色文化产业为主攻方向的青海互助实践；以特色产业为载体、以促进稳定就业增收为主攻方向的新疆莎车实践等 12 种典型实践。

参 考 文 献

[1] 白永秀, 陈煦. 有效衔接时期乡村振兴对脱贫攻坚资产的赋能路径[J]. 陕西师范大学学报(哲学社会科学版), 2022, 51(3): 35-44.

[2] 黎昌贵, 许国政, 魏正煜. 西部地区脱贫攻坚与乡村振兴有效衔接的挑战及对策[J]. 山西农经, 2022, (12): 14-16, 20.

[3] 芦风英, 邓光耀. 中国省域乡村振兴水平的动态比较和区域差异研究[J]. 中国农业资源与区划, 2022, 43(10): 199-208.

[4] 王旖旎. 推动脱贫攻坚与乡村振兴有效衔接[J]. 人民论坛, 2022, (5): 64-66.

[5] 颜军, 周思宇, 何莉琼. 西部民族地区相对贫困: 现状、困境及治理[J]. 民族学刊, 2022, 13(2): 60-73, 139.

[6] 洪银兴. 贯彻新发展理念的中国式现代化新道路[J]. 经济学家, 2022, (11): 5-12.

[7] 王炳林. 新发展理念与中国式现代化[J]. 教学与研究, 2022, (10): 10-14.

[8] 褚亚男. 论以新发展理念把握中国式现代化新道路[J]. 南方论刊, 2022, (11): 6-8, 16.

[9] 中共中央 国务院关于实现巩固拓展脱贫攻坚成果同乡村振兴有效衔接的意见[N]. 人民日报, 2021-03-23(1).

[10] 国务院关于促进乡村产业振兴的指导意见[N]. 人民日报, 2019-06-29(1).

[11] 翟慧. 我国深度贫困地区精准脱贫与乡村振兴协同创新[J]. 核农学报, 2021, 35(4): 1019.

[12] 李清源. 生态扶贫推动脱贫攻坚与生态保护 "双赢" 青海省如期完成绝对贫困 "清零" 目标[J]. 环境经济, 2020, (24): 21-25.

[13] 中共中央 国务院关于实现巩固拓展脱贫攻坚成果同乡村振兴有效衔接的意见[N]. 人民日报, 2021-03-23(1).

[14] 郭晗潇. 近代以来我国乡村建设的路径选择[J]. 社会建设, 2019, 6(1): 84-89.

[15] 邵琪伟. 发展乡村旅游促进新农村建设[J]. 求是, 2007, (1): 42-44.

[16] 罗明义. 发展乡村旅游与社会主义新农村建设[J]. 经济问题探索, 2006, (10): 4-7.

[17] 刘民坤, 魏乾梅. 中国乡村建设中的旅游研究综述: 基于 CiteSpace 的可视化分析[J]. 湖北农业科学, 2021, 60(17): 5-11.

[18] 陈宇, 陈书琳. 基于耦合共生理论的田园综合体规划模式建构[J]. 中国农业资源与区划, 2018, 39(12): 7-12.

[19] 翁一峰. 苏南乡村人地空间组织与模式探究: 以产权关系为视角[J]. 城市规划学刊, 2014, (6): 30-37.

[20] 叶强, 钟炽兴. 乡建, 我们准备好了吗: 乡村建设系统理论框架研究[J]. 地理研究, 2017, 36(10): 1843-1858.

[21] 高源. 发展乡村旅游对乡村治理的影响探析[EB/OL]. http://www.zgxcfx.com/sannonglunjian/108769.html[2024-01-27].

[22] 唐梦莹, 王芳, 曹海霞. 四川省苍溪县贫困特征研究[J]. 农村经济与科技, 2020, 31(19): 133-135.

[23] 苍溪县人民政府. 苍溪县 2019 年国民经济和社会发展统计公报[EB/OL]. http://www.cncx.gov.cn/ gongkai/show/20200401092902228.html[2021-01-27].

[24] 孙春蕾, 高萍, 郝聪明. 苍溪县土地整治脱贫攻坚的经验与借鉴[J]. 中国农业会计, 2020, (2): 35-38.

[25] 谢龙飞. 产业带动脱贫路径探析以四川省苍溪县为例[J]. 当代县域经济, 2018, (4): 33-35.

[26] 田东县人民政府网. 田东县 2019 年 1—12 月份主要经济指标完成情况. http://www.gxtd.gov.cn/sjfb/tjsj/t125022.shtml[2021-01-27].

[27] 彭磊. 县域经济视角下田东县脱贫模式研究[D]. 长春: 吉林大学, 2020.

[28] 石晶, 唐佩佩, 桂琰. 决胜脱贫攻坚, 迈向更高质量全面小康: 田东的经验与启示[J]. 人民论坛, 2020, (36): 106-109.

[29] 徐祥临. 精准扶贫方略的生动实践[J]. 人民论坛, 2020, (36): 112-113.

[30] 人民网. 脱贫攻坚网络展. 全国脱贫攻坚奖获得者.组织创新奖[EB/OL]. http://fpzg.cpad.gov.cn/429463/429472/429660/430281/index.html[2021-01-28].

[31] 库伦旗人民政府网. 信息公开.法定主动公开内容.统计信息[EB/OL]. http://www.kulun.gov.cn/ klq/tjxinxi/xxgklist.shtml[2021-01-28].

[32] 张铜会, 唐炜. 精准扶贫中科技的作用: 中国科学院内蒙古库伦旗扶贫对策与成效[J]. 中国科学院院刊, 2016, 31(3): 357-361.

[33] 西吉县人民政府网. 西吉县县域经济运行情况分析[EB/OL]. http://www.nxxj.gov.cn/zjxj/xjgk/jjshfz/ 202011/t20201117_2340785.html[2021-01-28].

[34] 西吉县人民政府网. 西吉县脱贫攻坚政策汇编[EB/OL]. http://www.nxxj.gov.cn/xxgk_13648/zfxxgkml/fpqd/201712/t20171225_652180.html[2021-01-28].

[35] 西吉县人民政府网. 县情简介[EB/OL]. http://www.nxxj.gov.cn/zjxj/xjgk/xjjj/202004/t20200413_2018832.html[2021-01-02].

[36] 西吉县人民政府网. 西吉县精准扶贫政策《产业扶贫政策》第二期[EB/OL]. http://www.nxxj.gov.cn/xxgk_13648/zfxxgkml/fpqd/201812/t20181210_1201609.html[2021-01-29].

[37] 牛震. 科技之光照亮脱贫致富路: 宁夏西吉马铃薯产业扶贫记[J]. 农村工作通讯, 2020, (21): 53-55.

[38] 金塔县政府网. 金塔县政区人口[EB/OL]. http://www.jtxzf.gov.cn/apps/site/site/issue/jtgk/zqrk/2020/05/14/1589444167904.html[2021-01-10].

[39] 金塔县政府网. 2018 年金塔县国民经济和社会发展统计公报[EB/OL]. http://www.ahmhxc.com/tongjigongbao/15029.html[2021-01-10].

[40] 中国甘肃网. 金塔: 精准施策坚决打赢脱贫攻坚收官战[EB/OL]. http://gansu.gscn.com.cn/

system/2020/04/23/012371504.shtml[2021-01-10].

[41] 金塔组工网. 金塔县"三个全面"凝心聚力打赢脱贫攻坚战[EB/OL]. http://www.jtzgw.gov.cn/DocHtml/1/20/07/00025938.html[2021-01-10].

[42] 新华网. 金塔："订单农业"让种植户吃上"定心丸"[EB/OL]. http://www.gs.xinhuanet.com/jinta/ 2021-01/04/c_1126944304.htm[2021-01-10].

[43] 金塔县政府网. 金塔：乡村振兴"不松懈"小康路上"劲头足"[EB/OL]. http://www.jtxzf.gov.cn/apps/ site/site/issue/jrjt/2020/12/08/1607394852408.html[2021-01-10].

[44] 重庆市石柱县人民政府网. 石柱概况[EB/OL]. http://cqszx.gov.cn/zjsz/szgk/202002/t20200224_5421035.html[2021-01-10].

[45] 石柱土家族自治县政府网. 石柱土家族自治县 2019 年国民经济和社会发展统计公报[EB/OL]. http://www.ahmhxc.com/tongjigongbao/19919.html[2021-01-10].

[46] 重庆·石柱网. 石柱：坚持经济为中心围绕康养做文章[EB/OL]. http://www.zgsz.gov.cn/content/ 2019-03/13/content_511314.htm[2021-01-10].

[47] 石柱县"三着力"强力助推乡村产业振兴[EB/OL]. http://cqszx.gov.cn/bm/xnyncw/zfxxgkml/xczx/zgqk/202112/t20211221_10206989.html[2021-01-10].

[48] 勐腊县人民政府. 勐腊县概况[EB/OL]. https://www.xsbn.gov.cn/88.news.detail.phtml?news_id=2821294[2021-01-11].

[49] 勐腊县人民政府. 勐腊县 2019 年国民经济和社会发展统计公报[EB/OL]. https://www.ynml.gov.cn/452.news.detail.dhtml?news_id=37319[2021-01-11].

[50] 云南网. 云南勐腊所有建档立卡贫困人口达到脱贫标准大力发展特色产业开启乡村振兴新篇[EB/OL]. http://society.yunnan.cn/system/2020/10/14/031036684.shtml[2021-01-11].

[51] 中国新闻网. "1+N"模式助推产业扶贫[EB/OL]. https://www.chinanews.com/sh/2019/02-14/8753954. shtml[2021-01-12].

[52] 吴文仙. 深耕产业"八要素"打造脱贫"金钥匙"：访六盘水市委常委、水城县委书记张志祥[J]. 当代贵州, 2018, (24): 10-11.

[53] 贵州省政府网. 贵州："八要素"引领农村产业革命纵深推进：贵州创新脱贫攻坚工作法综述[EB/OL]. http://www.guizhou.gov.cn/xwdt/gzyw/201907/t20190711_5195650.html [2021-01-12].

[54] 平利县人民政府. 平利概况[EB/OL]. https://www.pingli.gov.cn/Node-53106.html[2021-01-27].

[55] 国务院扶贫开发领导小组办公室. 陕西平利：村村有个"总队长"[EB/OL]. http://www.cpad.gov.cn/ art/2019/7/9/art_5_99829.html[2021-01-27].

[56] 汪静, 吴义亮, 吴莉莉. 就业式精准扶贫的成效、挑战与路径：以陕西平利县"社区工厂"为例[J]. 新西部, 2018, (8): 19-20, 41.

[57] 贡嘎县人民政府. 自然地理[EB/OL]. http://www.gongga.gov.cn/zjgg/gggk/zrdl/201901/t20190109_9136.html[2021-01-27].

[58] 西藏自治区人民政府. 中国西藏网. 西藏贡嘎县"三驾马车"助力脱贫攻坚[EB/OL]. https://www.xizang.gov.cn/xwzx_406/qxxw/201911/t20191114_122716.html.

[59] 王建华. "一带一路" 倡议下青海省文化产业与旅游扶贫互动发展研究: 以互助土族自治县为例[J]. 青海民族研究, 2020, 31(1): 108-114.

[60] 互助县人民政府. 互助概况[EB/OL]. http://www.huzhu.gov.cn/zmhz/hzgk.htm[2021-01-27].

[61] 新疆维吾尔自治区莎车县人民检察院. 莎车县简介[EB/OL]. http://www.xjshache.jcy.gov.cn/jcgk/202008/t20200815_2905701.shtml[2020-01-27].

第七章 西部农村地区高质量发展创新驱动的
实现机制

西部地区涵盖重庆、四川、陕西、云南、贵州、广西、甘肃、青海、宁夏、西藏、新疆、内蒙古 12 个省（区、市）[1]。随着脱贫攻坚取得全面胜利，西部农村地区经济发展迎来了一个崭新时期，新时代的主要任务转向了巩固拓展脱贫成果和相对贫困地区的治理上来，做好西部农村地区高质量发展，是激发乡村资源要素活力，释放农村居民要素活力，开拓内需空间的必由之路。基于此，本章从动力系统、条件系统、过程系统和调控系统等层面，探究西部农村地区高质量发展创新驱动的机制，进一步为实现西部地区乡村振兴打下坚实基础。

第一节 西部农村地区高质量发展创新驱动
机制内涵及动力系统

一、西部农村地区高质量发展创新驱动机制的内涵

基于前文所提出的农村地区高质量发展创新驱动机制，本书认为西部农村地区高质量发展创新驱动的实现机制是指以西部农村地区高质量发展为目标，通过动力系统、条件系统、过程系统、调控系统等高质量发展创新驱动的内在结构要素及其相互作用，实现西部农村地区高质量发展（图 7-1）。

自西部大开发以来，西部城市经济得到了长足发展，但农村经济的发展仍十分缓慢，由于传统农业缺乏要素的前期投入，农村产业形态与功能相对单一，而乡村振兴使大量优质资源向农业聚集，从根本上改变了生产要素由农村到城市的单向流动状态[2]。因此，西部农村地区高质量发展创新驱动，需要以巩固脱贫攻坚成果、乡村振兴、中国式现代化、共同富裕为外部动力，以新时代高质量发展创新驱动文化、新时代高质量发展创新驱动战略为内部动力；以西部农村地区共性关键技术、生产力和生产方式转型为主攻方向，并配套升级高质量发展创新驱动的平台、知识资源、资金保障、制度、技术与产业等多种要素条件，进而相互

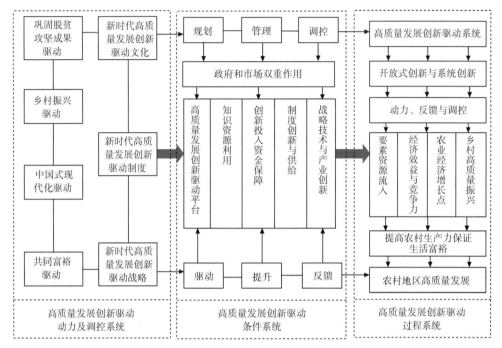

图 7-1　新时代西部农村地区高质量发展创新驱动实现机制模型

作用与协同，推动西部农村地区高质量发展。

二、西部农村地区高质量发展创新驱动机制动力系统

西部农村地区高质量发展创新驱动的动力系统可以分为外部动力系统和内部动力系统，其中，外部动力系统包括：巩固脱贫攻坚成果驱动、乡村振兴驱动、中国式现代化驱动、共同富裕驱动；内部动力系统包括：新时代高质量发展创新驱动文化、新时代高质量发展创新驱动战略两方面内容（图 7-2）。

（一）外部动力系统

1. 巩固脱贫攻坚成果驱动

现阶段，我国脱贫攻坚战已取得决定性胜利，农村彻底摆脱绝对贫困，农村基础设施建设水平显著提升，消除绝对贫困也标志着"三农"工作重心转向巩固脱贫攻坚成果同乡村振兴的有效衔接。从当前发展实际来看，西部地区脱贫攻坚成果显著，但仍存在部分地区人口生活水平较低、产业发展动力不足、现代化乡村治理体系尚未形成等问题，亟须进一步巩固脱贫攻坚成果。因此，新时代背景

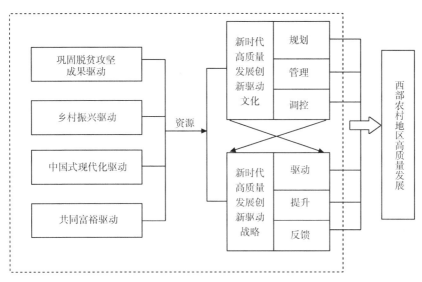

图 7-2 新时代西部农村地区高质量发展创新驱动动力系统模型

下提出的建立健全防止返贫致贫的监测与帮扶机制、加强项目资产管理等措施，是稳固和提升现有的脱贫攻坚成果、防止脱贫人口返贫的关键，对加快西部农村地区现代化进程、实现乡村全面振兴和高质量发展有重要驱动作用。

2. 乡村振兴驱动

《中共中央 国务院关于做好 2022 年全面推进乡村振兴重点工作的意见》明确指出，要"扎实有序做好乡村发展、乡村建设、乡村治理重点工作，推动乡村振兴取得新进展、农业农村现代化迈出新步伐"。乡村振兴包括产业兴旺、生态宜居、乡风文明、治理有效、生活富裕五个方面，从国家顶层战略设计来看，就是要把全面推进乡村振兴作为新时代西部农村地区高质量发展的重要驱动力。作为继新农村建设战略后进一步解决"三农"问题的重要部署，乡村振兴强化了引导资源要素向西部农村地区流动的市场机制和国家意识，包括提升农业发展质量和培育乡村发展动能等，围绕农业农村优先发展的目标对城乡要素配置做出相应调整和优化，利用农村具有的土地资源和生态资源禀赋助力乡村产业振兴，从而最大限度地激发农民参与积极性，使得各要素在西部农村地区高质量发展创新驱动过程中不断提高生产效率，在更高层次、更大范围内实现巩固拓展脱贫攻坚成果同乡村振兴的有效衔接。

3. 中国式现代化驱动

党的二十大报告首次提出"中国式现代化"[①]。"中国式现代化"是根据我国经济发展新阶段、新环境和新条件对发展战略和实现路径做出的重要战略部署，也是对生产力和生产关系的动态调整。而农业现代化构成了中国式现代化的重要部分，积极探索特色农业现代化道路是实现中国式现代化的重要内容。西部地区农业现代化包括农业机械化、生产技术科学化、农业产业化、农业信息化、农业发展可持续化五个方面，根本目的在于将"现代化"的特征辐射到西部农业农村发展的各个环节，为加快实现西部农村地区高质量发展夯实基础。在全面建设社会主义现代化国家新征程、向第二个百年目标奋斗的关键时刻，以"中国式现代化"驱动农业发展，将有利于重塑农业经济现代化的动力，为开启西部农业农村现代化发展新征程注入新活力。

4. 共同富裕驱动

居民生活水平是衡量乡村经济发展的一项重要指标，直接关系到农民的切身利益，关乎人民福祉。随着脱贫攻坚取得全面胜利，农民的生活水平不断提升，下一步，要在经济发展可持续基础上，加强普惠性、兜底性民生保障建设，从而提高人民群众的生活质量。近年来，西部地区正处于跨越"中等收入陷阱"的关键阶段，推动西部农村地区高质量发展，就是要解决城乡发展不平衡不充分的问题，通过动力转换带动西部农村地区经济发展，提高农村居民收入，实现城乡居民的共同富裕。国家统计局公布的数据显示，2020 年西部地区社会消费品零售总额占全国的比例为 20.9%，其中，农村居民人均可支配收入为 14 110.8 元，同比增长 8.25%，农村居民的收入水平得到了提高。这得益于农业农村相关部门从经济收入和生活品质出发，出台了一系列保障民生的政策，包括农民生产要素配置、调节农民生产经营收入、改善农民消费支出、做好返贫人口的监测和帮扶等，为西部地区农民的生活问题提供了行之有效的方案，以共同富裕驱动农业高质量发展。

（二）内部动力系统

1. 新时代高质量发展创新驱动文化

新时代高质量发展创新驱动文化是形成农户文化活动空间的基础，其实质是

---

① 习近平：高举中国特色社会主义伟大旗帜　为全面建设社会主义现代化国家而团结奋斗——在中国共产党第二十次全国代表大会上的报告，https://www.gov.cn/xinwen/2022-10/25/content_5721685.htm。

创新文化建设和创新文化服务供给的过程。文化是乡村振兴的基本保障,重视物质文化建设的同时还须加强精神文明建设,要以活跃村民生活、提高村民素质、传承乡风人情为主要抓手,积极推进西部农村地区高质量发展创新驱动文化建设,着力完善现代农业高质量服务体系,提高农民参与相关创新活动的积极性。此外,随着农业经济的不断发展,西部地区农村居民生活水平不断提高,创新的文化产品和文化服务得到了高质量供给,产业供给侧结构性改革取得了阶段性胜利,脱贫攻坚后高质量发展的创新治理推动了农村经济实现"质"的飞跃。因此,要切实加强农村居民的创新意识,大力建设创新文化驱动农村高质量发展。

2. 新时代高质量发展创新驱动战略

从当前的国内国际形势来看,经济全球化遭遇逆流,产业链和供应链均面临严重冲击,加剧了经济的生产、交换和分配关系的变化,这迫使我国将加快实施创新驱动战略作为推动经济高质量发展的重要路径。新时代西部农村地区高质量发展创新驱动的行为主体是富有创造力的农业经济组织,它们重点关注西部农村地区高质量发展的财政状况、工农产业、干部素质、生态环境和治理水平等领域,在结合农业发展实际的基础上,源源不断地提出新的发展理念并将其转化为有用的创新成果。探究农业高质量发展创新驱动战略的主要内容,可以从农村治理模式和治理成效入手,一是依据过往西部农村地区的治理经验,总结提炼出有利于改善人居环境的治理模式;二是在乡村振兴背景下,聚焦产业、人才、文化、生态、组织的高质量发展,对西部农村地区乡村意识形态、创新主体、创新行为等做出更高要求,并持续巩固以自治为基、德治为先、法治为本的"三治"融合农村治理体系[3]。积极推进创新驱动高质量发展战略,是加快西部农业经济发展、促进新农村建设的动力源泉。

第二节　西部农村地区高质量发展创新驱动机制条件系统

西部农村地区高质量发展创新驱动的条件系统包括:高质量发展创新驱动平台、知识资源利用、创新投入资金保障、制度创新与供给、战略技术与产业创新五个方面,充分把握这五个方面的形成机制,对新时代背景下加强创新驱动西部农业经济增长有着重要意义(图7-3)。

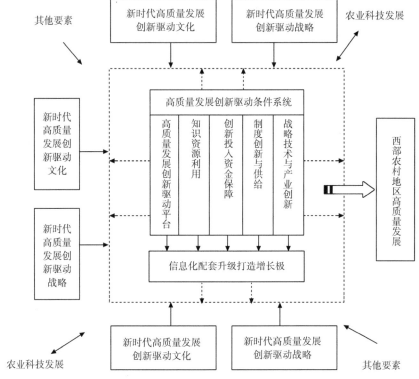

图 7-3　新时代西部农村地区高质量发展创新驱动条件系统模型

一、高质量发展创新驱动平台

西部地区高质量发展创新驱动平台主要包括制定高质量发展创新驱动战略的西部农业高质量发展专门管理机构、为农业高质量发展创新驱动提供物质保障的西部地区农业基础设施建设平台、高质量发展创新源头的西部地区农业科技创新中心、推动农业高质量发展创新成果向现实生产力转变的农业高质量发展创新成果转化平台、整合农业人才队伍管理及综合水平的农业人才培训平台、高效对接农业产学研需求以及提高成果转化率的农业科技信息化服务平台，通过构建农业高质量发展创新驱动平台，实现对西部农村地区高质量发展创新驱动的催化、支撑和保障作用，从而提高西部农业高质量发展水平。

二、知识资源利用

随着技术进步，西部地区农业经济的发展正由传统的劳动密集型、资本密集型逐步转向知识密集型结构。根据资源基础理论的观点，知识资源是一种具备价值性、稀缺性和不可替代性等特征的异质性资源，人才、技术及专利是知识资源的主要载体[3]。西部农村地区高质量发展创新驱动知识资源主要包括爱农业、懂技术、善经营、具有农业的职业价值观、职业能力以及职业道德素养与素质的新型现代农民；能够提升农业发展微观基础效能的新型经营主体；持续实现农业高质量发展的农业顶尖科技领军人才；勇于创新不断变革的现代农业企业家等。增加农业高质量发展创新驱动的知识资源与农业供给侧结构性改革、农村经济发展方式等息息相关，只有合理利用知识资源，才能促进西部农村地区社会风气朝着良好、文明的方向发展。

三、创新投入资金保障

资金投入对西部农村地区高质量发展的创新驱动机制具有支撑、导向和促进作用，包括西部地区农业高质量发展创新驱动专项资金、农业高质量发展引导资金、扩大资本市场所吸引的外资及民间资本、涉农企业科技研发资金等，为西部地区农业高质量发展提供了物质基础。一方面，资金投入提升了居民消费潜力，通过提供恰当的金融制度和产品，推动供需形成更高水平的适配，破除了农村居民在农业生产、创业、消费过程中的流动性约束；另一方面，云计算、大数据、互联网等创新技术推动数字普惠金融快速发展，使那些难以享受到金融服务的低收入和弱势群体满足基本需求，大幅改善了西部农村地区的收入困境，进而提高了农业创新力、竞争力和全要素生产率[4]。

四、制度创新与供给

"新型城镇化"战略的提出为西部地区迎来了新的发展机遇。但在推进城镇化过程中，大量的劳动力、资本等生产要素纷纷流向城市，使得城乡发展不平衡、乡村发展不充分，这也是制约农村经济提质升级的主要原因。在新时代背景下，我国经济由高速度增长阶段转向高质量发展阶段，高质量发展意味着经济增长要与缩小城乡发展差距、提高居民生活水平等方面的要素相匹配。从这个意义上来说，推动西部农村地区高质量发展不能只依靠农村经济体量，更要考虑城市的拉动和带动，其关键在于夯实城乡融合发展的制度基础，通过农业规模经营、农村劳动力转移等达到稳定脱贫的目的。在西部大开发战略背景下，国家提出要大力推动西部地区城乡融合发展，以缩小城乡发展差距为目标，推动要素市场化配置，形成工农互促、协调共生的新型工农城乡关系，为西部农村地区脱贫攻坚后实现高质量的乡村振兴提供了政策制度导向。

五、战略技术与产业创新

"十四五"时期，国家重点研发"乡村产业共性关键技术与集成应用"，面向乡村特色产业中科技供给不足的"弱项"，强化科技创新，支撑乡村特色产业高质量发展。从技术和产业的联系来看，产业的技术溢出和参与主体的价值共享是维持系统运行的关键因素，两者不仅增加了农民收入，还充分发挥出农村自然资源的多重效益，其价值增量为农村产业兴旺提供了物质基础。在城乡差距逐渐扩大的情况下，农村高质量发展要求农业必须打破与其他产业间的界限，使农村产业融合成为乡村振兴的重要途径。而西部农村地区有很强的地域特征，也有丰富的自然资源，这是培育新发展动能的基础优势。随着新一轮技术革命的兴起，西部农村地区进入了高新技术赋能的新发展阶段,农业机械化是技术创新驱动的成果，主要表现为现代工业技术和农业生产相结合以提高经济增长质量，有以下两条路径：一是技术创新对西部农村地区农业生产效率的驱动作用，体现在农业发展的关键领域采用无土农业、精准农业、智能化设备等，这不仅缩减了农业生产成本，更保障了粮食安全和重要农产品的有效供给；二是原有技术的二次开发对西部地区培育农业发展新动能的驱动作用，在工农产业要素流动机制的作用下，农业机械化将生产成本转化为产业的管理成本，使农业机械化和工农协调发展成为推动农业智能化、信息化、绿色化融合发展的新动力[5]。

第三节　西部农村地区高质量发展创新驱动机制过程及调控系统

一、西部农村地区高质量发展创新驱动机制过程系统

新时代西部农村地区高质量发展创新驱动的过程系统是以巩固脱贫攻坚成果驱动、乡村振兴驱动、中国式现代化驱动、共同富裕驱动为外部动力，以新时代高质量发展创新驱动文化、新时代高质量发展创新驱动战略为内部动力，对西部农村地区高质量发展以定向、规划、调控以及驱动、凝聚和推动，以西部地区共性关键技术、生产力和生产方式转型为主攻方向，予以高质量发展创新驱动平台、知识资源、资金保障、制度、技术与产业等多种要素条件配套升级，打造区域高质量发展增长极，辅以高质量发展创新驱动服务保障、战略、制度的调控，因地制宜构建西部农村地区高质量发展创新驱动机制，通过动力系统、条件系统、过程系统、调控系统及其要素之间的相互作用与协同，加速西部农村地区"产业兴

旺、生态宜居、乡风文明、治理有效、生活富裕"的协调统一，以"创新驱动"激发活力，引导人才、技术、资本等要素的流入以及引进资源禀赋的支持，加快培育西部农村经济新的增长点，抢占农村地区高质量发展创新驱动制高点，同时注重乡村宜居、宜业，使农村经济增长效益最大化，最终实现新时代西部农村地区高质量发展（图7-4）。

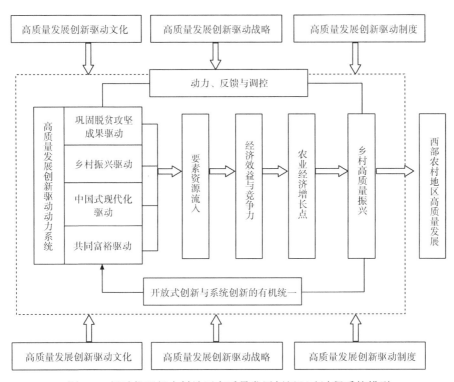

图7-4　新时代西部农村地区高质量发展创新驱动过程系统模型

二、西部农村地区高质量发展创新驱动机制调控系统

　　基于乡村振兴战略下西部农村地区高质量发展创新驱动系统的良性运行，需要对农业高质量发展创新驱动的行为及过程进行调控。西部农村地区高质量发展创新驱动的调控系统主要包括：高质量发展创新驱动服务保障、高质量发展创新驱动战略及制度安排。其中，高质量发展创新驱动服务保障有兜底调节的作用，而高质量发展创新驱动战略是西部农村地区高质量发展创新驱动动力系统的组成部分之一，制度安排是西部农村地区高质量发展创新驱动条件系统的构成要素。

　　一方面，高质量发展创新驱动服务保障体现在农村人居环境整治。党的十八大报告将建设美丽中国上升到了生态文明的高度①，从发展实际来看，建设美丽中国的重点在农村，只有将农村建设为生态宜居的美丽家园才能真正实现高质量发展。作为乡村振兴的重要任务，"生态宜居"突出强调了农村生态文明建设重要性和迫切性，对于提高广大农民福祉具有保障作用，同时也是推进人与自然和谐共生的坚实基础。西部农村地区人居环境整治具有多元主体共同参与、返乡人才共享平台等显著优势，而这些优势将农村生态文明建设成功转变为促进经济发展的有效途径，进一步推动了西部农村地区高质量发展。

另一方面，高质量发展创新驱动战略及制度安排体现在乡村有效治理。作为乡村振兴战略的基本方针，乡村治理关系着农村社会的长远稳定和国家现代化工程建设。针对乡村治理普遍出现的参与积极性不高、组织化程度较低、公共产品供给效率不高、治理体系不健全等问题，西部农村地区采用了多元主体共同参与乡村治理的方案，包括治理主体良性互动机制、农村社区社会组织参与治理等，在一定程度上保障了农民参与乡村治理的权利。因此，通过创新治理机制构建多元、高效的乡村治理体系，有利于实现农村治理体系和治理能力现代化，进而助推西部农村地区高质量发展。

第四节　本　章　小　结

本章重点阐释了新时代西部农村地区高质量发展创新驱动的实现机制。研究认为，西部农村地区高质量发展创新驱动的实现机制是指以西部农村地区高质量发展为目标，运用高质量发展创新驱动的内在结构要素及其相互作用所形成的体系，主要包括西部农村地区高质量发展创新驱动的动力系统、条件系统、过程系统、调控系统，具体如下。

第一，研究认为西部农村地区高质量发展创新驱动的动力系统可以分为外部动力系统和内部动力系统，其中外部动力系统包括：巩固脱贫攻坚成果驱动、乡村振兴驱动、中国式现代化驱动、共同富裕驱动；内部动力系统包括：新时代高质量发展创新驱动文化、新时代高质量发展创新驱动战略两方面内容。

第二，研究认为西部农村地区高质量发展创新驱动的条件系统包括：高质量发展创新驱动平台、知识资源利用、创新投入资金保障、制度创新与供给、战略技术与产业创新五个方面。其中，西部地区高质量发展创新驱动平台主要包括制定高质量发展创新驱动战略的西部农业高质量发展专门管理机构、为农业高质量

---

① 胡锦涛在中国共产党第十八次全国代表大会上的报告，http://www.xinhuanet.com/politics/2012-11/17/c_113711665_3.htm。

发展创新驱动提供物质保障的西部地区农业基础设施建设平台、高质量发展创新源头的西部地区农业科技创新中心、推动农业高质量发展创新成果向现实生产力转变的农业高质量发展创新成果转化平台、整合农业人才队伍管理及综合水平的农业人才培训平台、高效对接农业产学研需求以及提高成果转化率的农业科技信息化服务平台等；知识资源利用是通过提高农民思维、技术、教育水平等方式，在农村形成一种崇尚文明和科学的社会风气，以适应农民对美好生活水平不断提高的需求，其实质是一项推进农村物质文明、政治文明、精神文明、社会文明和生态文明协调发展的系统工程；创新投入资金保障包括：西部地区农业高质量发展创新驱动专项资金、农业高质量发展引导资金、扩大资本市场所吸引的外资及民间资本、涉农企业科技研发资金；制度创新与供给是指在西部大开发战略背景下，国家提出要大力推动西部地区城乡融合发展，以缩小城乡发展差距为目标，推动要素市场化配置，形成工农互促、协调共生的新型工农城乡关系，为西部农村地区实现高质量的乡村振兴提供了政策制度导向；战略产业与技术供给是指产业的技术溢出和参与主体的价值共享是维持系统运行的关键因素，两者不仅增加了农民收入，还充分发挥出农村自然资源的多重效益，其价值增量为农村产业兴旺提供了物质基础。

第三，研究认为西部农村地区高质量发展创新驱动的过程系统是以巩固脱贫攻坚成果驱动、乡村振兴驱动、中国式现代化驱动、共同富裕驱动为外部动力，以新时代高质量发展创新驱动文化、新时代高质量发展创新驱动战略为内部动力，对西部农村地区高质量发展以定向、规划、调控以及驱动、凝聚和推动，以西部地区共性关键技术、生产力和生产方式转型为主攻方向，予以高质量发展创新驱动平台、知识资源、资金保障、制度、技术与产业等多种要素条件配套升级，打造区域高质量发展增长极，辅以高质量发展创新驱动服务保障、战略、制度的调控，因地制宜构建西部农村地区高质量发展创新驱动机制，通过动力系统、条件系统、过程系统、调控系统及其要素之间的相互作用与协同，加速西部农村地区"产业兴旺、生态宜居、乡风文明、治理有效、生活富裕"的协调统一。

第四，研究认为西部农村地区高质量发展创新驱动的调控系统主要包括：高质量发展创新驱动服务保障、高质量发展创新驱动战略及制度安排。其中，高质量发展创新驱动服务保障有兜底调节的作用，而高质量发展创新驱动战略是西部农村地区高质量发展创新驱动动力系统的组成部分之一，制度安排是西部农村地区高质量发展创新驱动条件系统的构成要素。高质量发展创新驱动服务保障体现为农村人居环境整治，而高质量发展创新驱动战略及制度安排体现为乡村有效治理。

参 考 文 献

[1] 徐孝勇, 赖景生, 寸家菊. 我国西部地区农村扶贫模式与扶贫绩效及政策建议[J]. 农业现代化研究, 2010, 31(2): 161-165.

[2] 罗平. 都市圈城乡产业融合: 基本特征、实现机制及政策建议[J]. 农村经济, 2021, (6): 79-86.

[3] 罗剑朝, 曹瓅, 罗博文. 西部地区农村普惠金融发展困境、障碍与建议[J]. 农业经济问题, 2019, (8): 94-107.

[4] 李立群, 王礼力. 知识资源、组织氛围与农业企业经营绩效关系研究[J]. 统计与信息论坛, 2014, 29(5): 61-65.

[5] 张麦生, 陈丹宇. 我国农村产业融合的动因及其实现机制研究[J]. 农业经济, 2020, (8): 6-8.

第八章　西部农村地区高质量发展创新驱动的政策研究

随着全面建成小康社会，我国打赢了脱贫攻坚战，但是，在后脱贫时代抓住机遇，促进国内经济由高速发展转向高质量发展才是关键[1]。而西部地区农村发展严重滞后城市发展，探究西部农村地区高质量发展创新驱动的政策，应立足于西部农村地区发展现状，既要与乡村振兴的目标相衔接，又要适应于农业现代化发展要求。基于此，本章对西部农村地区高质量发展创新驱动的政策目标、政策建议进行研究，围绕政策链、产业链、创新链、人才链、资金链，坚持科技创新与成果应用"双轮驱动"，以农业发展为基础，以体制机制创新为保障，以特色产业发展为支撑，完善西部农村地区高质量发展的动力机制，为西部地区巩固脱贫攻坚重大成果和经济高质量发展奠定坚实基础。

第一节　西部农村地区高质量发展创新驱动的政策目标

农业高质量发展是农村生产结构、生产经营方式、农村居民生活质量、思想观念等方面逐渐趋于均衡的过程[2]，而创新是农业高质量发展的第一动力，通过动力系统、条件系统、过程系统和调控系统的相互作用与协同，最终实现农村地区高质量发展。西部农村地区脱贫攻坚后在要素整合、外部环境变迁、产业结构调整的驱动下，农业经济形态、地域功能和社会结构不断发生变化，农业逐步由单一的"生活功能"转向"生产、生活、生态"多功能复合[3]。因此，西部农村地区高质量发展创新驱动的政策目标主要有以下几方面。

一、促进西部农村地区脱贫攻坚后与乡村振兴有机契合

党的十九届五中全会提出巩固拓展脱贫攻坚成果，并将下一阶段的工作重心转向全面推进乡村振兴战略，乡村振兴成为继脱贫攻坚后农业高质量发展的又一

重大战略[4]。西部农村地区全面推进乡村振兴需要根据实际情况因地制宜，结合当地风土人情、资源禀赋、地理位置等条件，走出具有西部农村特色的振兴之路。而农业现代化是全面推进乡村振兴的主要目标，乡村振兴要提高农民生活质量，就要通过"产业、人才、文化、生态、组织"五个方面的振兴促进"产业兴旺、生态宜居、生活富裕、乡风文明、治理有效"[5]，逐步提高农业的信息化、规模化、智能化水平，实现西部农业农村现代化和高质量发展。

因此，西部农村地区高质量发展创新驱动的政策目标，是促进西部农村地区脱贫攻坚后与乡村振兴有机契合，明确西部农村地区高质量发展与乡村振兴是一个有机系统，两者存在互动关系。一方面，乡村振兴可以促进西部农村地区高质量发展水平的提高，为农村地区高质量发展创新驱动提供良好的条件；另一方面，农村高质量发展是乡村振兴的重要载体，农业科技协同创新、农村基础设施建设、社会保障体系投入等，为西部乡村振兴提供了良好的软硬件环境，是乡村振兴的重要支撑。

二、优化西部农村地区高质量发展创新驱动环境

农村环境是农业生产和农民生活的空间载体，西部农村地区脱贫攻坚后更加注重高质量发展创新驱动环境的建设。目前，西部地区小城镇总体数量多，但规模偏小，农业生态结构较为单一、地形复杂，多为山地、戈壁、河流等，环境承载力低，工业基础相对薄弱，农业收入是西部农民收入的主要来源。优化西部农村地区高质量发展创新驱动的环境，必须重构乡村地域系统和等级体系，转变农村生产要素组织方式，破解农村发展不充分、城乡经济发展失衡的问题。一是优化西部农村地区高质量发展创新驱动的内部环境，随着收入水平不断提高、居民的物质文化需求升级，农村居民的消费方式和消费质量都发生了改变，要以创新创业促进乡村转型，盘活农村各类要素资源，提高乡村价值，通过增长极的扩散作用使劳动力、信息、资源和技术等向农村转移，形成与农业高质量发展相适应的社会分工，提升专业化生产经营水平[6]；二是优化西部农村地区高质量发展创新驱动的外部环境，充分发挥西部地区地缘优势，依托西部陆海新通道、中欧班列国际大通道，积极开展沿边地区与周边国家深层次、多领域合作，加快内蒙古、新疆、广西和云南等地重点开发开放试验区建设，形成要素集聚高地，带动西部及农村地区整体高质量发展。

因此，西部农村地区高质量发展创新驱动的政策目标，是从形式、空间、内容等方面对西部农村地区高质量发展的乡村资源进行集聚和整合，优化西部农村地区高质量发展创新驱动的环境，打造独具地方特色的美丽乡村，充分挖掘与整

合乡村和农业特色资源，为乡村发展注入新的活力。

三、培育西部农村地区高质量发展经济增长极

西部农村地区土地辽阔，存在着经济水平、自然条件和人文环境等差异，有的农村经济发展水平较高，而有的农村甚至还存在返贫的风险。探究西部农村地区高质量发展创新驱动，应充分考虑当地的资源禀赋、产业基础和文化特点，遵循经济发展的客观规律，根据乡村振兴的差异性，从宏观、中观和微观三个层面培育西部农村地区高质量发展经济增长极。一是从宏观层面来看，西部地区内部发展条件存在差异，改革开放以来，西部各省（区、市）先后采取了"非均衡发展"战略，除城乡间经济发展水平差异显著外，西部各省（区、市）之间以及省（区、市）内部各地区之间也存在着较大差距[7]。对发展较快、资源较好的区域，如成渝城市群、关中平原城市群等，要加快资源型产业的发展；而对脱贫攻坚后相对贫困的区域，如青海、西藏、新疆、甘肃、宁夏等，要重点加强基础设施建设，增强中心城市辐射带动功能；二是从中观层面来看，西部农村地区高质量发展创新驱动能够改变传统生产方式，提高农业科技含量、产品附加值，立足于农业资源优势，利用科技创新和市场培育，建立起具有西部特色的农业"增长极"，从而增强西部农村地区的要素集聚效应和扩散效应；三是从微观层面来看，西部农村地区高质量发展要落入经济一体化浪潮中，在国内、国际两个市场上发挥其比较优势和后发优势，将资源禀赋转化为产品品牌和生产效益，建设创新、协调、绿色、开放、共享的美丽农村，最终实现城乡平衡发展、农村充分发展的目标。

因此，西部农村地区高质量发展创新驱动的政策目标，是从宏观、中观和微观三个层面，培育西部农村地区高质量发展经济增长极：宏观上要缩小西部农村地区内部发展差异，中观上促进西部农业现代化发展，微观上提高资源利用率，实现城乡平衡发展、农村充分发展的目标。

第二节　西部农村地区高质量发展创新驱动的政策建议

一、加强顶层设计，明确西部农村地区高质量发展方向，破除乡村振兴制度障碍

一是加强乡村振兴顶层设计，坚持创新驱动农业高质量发展理念，立足西部

农村地区高质量发展创新驱动稳定性、长期性的特点，持续推进巩固拓展脱贫攻坚成果同乡村振兴有效衔接的基础性工作，通过农业扶持制度改革，拓展农民经济活动的发展空间，为乡村高质量振兴奠定制度基础，构建西部农村地区高质量发展"大格局"[8]。

二是瞄准提高西部农业竞争力和农业质量效益的战略目标，厘清西部农村地区高质量发展创新驱动的重点领域，包括农业科技创新、农民持续增收等，紧密围绕保障粮食安全和重要农产品的有效供给，以农业高质量发展为导向，全面提升资源利用率、劳动生产率，实现西部农村地区可持续发展。

三是促进市场和政府优势互补，一方面要在政府的宏观调控下，发挥市场对创新资源配置的主导作用，形成政府和市场推动西部农村地区高质量发展的强大合力[9]；另一方面，要加快转变政府职能，提高政府的服务能力和水平，强化农村专业化分工与协作，激活市场、社会资源的"造血"功能，扩大消费需求和市场规模，形成完备的市场体系，完善农村市场功能。

四是优化农村高质量发展软环境，针对西部脱贫摘帽的地区，要加大后续帮扶力度，完善农村市场负面准入清单，强化农村发展、农民增收一体化综合服务平台；同时，牢牢守住生态保护的红线，立足西部地区独有的自然资源，宜农则农、宜林则林、宜牧则牧、宜渔则渔，将生态环保与农业生产相融合，实现西部农村地区脱贫攻坚后经济、文化、生态全面协调发展。

五是加快推动城乡融合发展进程，乡村振兴不仅要停留在乡村本身，更要以城市带动农村高质量发展[10]，联结西部城乡优势资源，使劳动力、资金、技术等生产要素流向农村，通过扩展农业产业化链条、增加农产品附加值等方式，缩小城乡居民收入差距，破除城乡二元结构，实现西部地区城市和农村的有机融合，以城带乡拉动农村经济发展，形成城乡联动的新发展格局。

二、提高农民增产创收能力，确保农民持续增收，实现西部农村地区共同富裕

一是加快乡村治理体系现代化改革。精准夯实西部农村地区高质量发展创新驱动的薄弱环节，整合各界力量，由"政府主导"向"多元共治"转变，形成村民广泛参与的多元主体合作治理模式，促进"三治"融合，推动西部农村地区治理体系和治理能力现代化，为农民稳步增收提供保障。

二是建立健全巩固脱贫攻坚成果长效机制。打赢脱贫攻坚战后，要将战略重点转向解决相对贫困问题，以市场化、社会化为导向，通过增加农村居民的社会保障种类、建立完善的农民失业救助体系等，提高农民最低生活保障水平；同时，

完善收入分配制度，提高西部农村居民，尤其是低收入群体的福利，扩大中等收入人群，实现村域层面收入分配的有效调节。

三是积极探索多种形式的利益联结机制，引导农户创新合作，实现资源变资产、农民变股东[11]。通过村企联合、利益共享、产销联动等多种利益联结方式，将农产品增值收益留给农民，增加农民财产性收入和经营性收入，提高农民收入水平及其稳定性，持续缩小城乡之间、区域之间的收入差距。

四是推动农村集体经济发展壮大。农村集体经济是巩固拓展脱贫攻坚成果、推动乡村振兴的重要保障，对于西部农村地区而言，目前产权制度改革、股权量化工作已完成，下一阶段，要盘活农村集体资源、探索建立多维度乡村混合经济体，通过国有企业、工商资本、新型农业经营主体的交叉融合，形成西部农村地区共同富裕的经济单元，提高经济承载力和发展潜力[12]。

五是改善公共服务供给。根据成都、重庆的经验，通过先富带动后富、"先行先试"村域示范区等分阶段、分步骤进行，补齐西部农村在公共基础设施、教育、医疗、社会保障等方面的短板，解决城乡之间基本公共服务供给不平衡不充分的问题；同时，综合整治农村环境，协调好经济发展与生态保护的关系，提高农民的生活质量，增加农民的幸福感和获得感。

三、深化农业供给侧结构性改革，优化西部农村产业结构，激活农业发展"新"动能

一是以供给侧结构性改革为导向，选择适应于西部农村的农业现代化模式，注重供给侧的动力增长，推动农村一、二、三产业融合，打造一套业态高质量融合体系，促进西部产业融合发展，拓展农村旅游、养老、健康等功能，培育乡村旅游、休闲农业、农村"康养"等新业态，提升农村产业链价值。

二是培育优势产业，因地制宜打造特色农产品品牌，立足西部地区水土资源和生物资源优势，推动蔬果、药材、粮油等特色农产品的生产和深加工，培育农业增长极；同时，对特色农产品带动力强、产品附加值高的企业，着力打造区域特色品牌，引入附加值高、产品效益好的新品种，改良传统优势品种，进一步提高产品品质和市场竞争力，形成优势互补的产业高质量发展格局。

三是优化农村产业结构。西部地区已形成了较为完善的产业体系，相较于壮大已有产业规模，西部农村地区脱贫攻坚后应聚焦于产业结构的优化升级[13]，要以市场需求为导向，扩大特色经济作物种植面积，积极调整生产结构和产业规模，形成生产、加工、销售、物流的完整产业链，解决部分产业规模小、基础弱、链条短的问题，提升产业的规模效应和集聚效应。

　　四是大力发展富民产业，明确西部地区鼓励产业目录，支持建设新疆棉花主产区、云南甘蔗主产区、甘肃中药材主产区，西南地区发展优质柑橘、梨、热带水果，西北地区发展猕猴桃、苹果、葡萄等，形成一批富民产业带，在用地指标、项目布局、招商引资等方面予以支持，从而实现西部农村地区"产业兴旺"。

　　五是发展新型农业经营主体，依托西部地区水能、稀土等资源禀赋优势，突出区域特色，加快农业产业化进程，积极扶持专业大户、农民合作社，构建新型农业经营体系；另外，加大对"小微企业"的扶持力度，培育一批以创新驱动高质量发展为目标的民营企业，支持本地中小企业加入大企业、大集团的产业分工协作体系，解决低水平重复竞争、同质化发展的问题。

四、打造农业科技创新增长极，完善农村基础设施建设，增强西部农村地区高质量发展内生动力

　　一是西部农村地区脱贫攻坚取得了显著成效，应充分总结、利用脱贫攻坚中获得的农业科技创新、数字化创新经验，加以推广并运用到乡村振兴过程中，加强互联网、区块链、人工智能等信息技术在农业领域的拓展运用，瞄准西部农村地区高质量发展创新驱动的技术短板，建设包含数字农业、智慧医疗、数字教育的智慧乡村，打造西部地区农业科技创新增长极。

　　二是加强西部地区农业科技投入，把握好农业科技供给与生产需求的关系，加大智慧农业、农业机械设备和农作物基因资源等核心技术的攻关力度，优化布局建设一批西部农业科学实验站、农作物数据中心和种质资源库，夯实农业科技创新基础性平台；同时，着力突破更多前沿技术，提高农业科技自立自强能力，加快补齐机械化生产、改良品种等领域技术短板。

　　三是推广农业科技创新改革试点经验成果，加强涉农高校与企业、政府的合作，明确各主体的关系和责任，如科研院所开发适合西部地区的农业技术和农作物品种，政府对农业科技推广和转化给予补贴等；同时，发展西部农业技术交易市场，提高新技术、农业科技成果转化率，缩小与中东部地区的差距。

　　四是推动乡村内源式发展，要注重提高资源利用率，利用农业科技作为创新动力的核心功能，转变经济增长方式，大幅度提升生产效率及质量，充分发挥西部农村地区比较优势，在新旧动能转化升级上迈出更大步伐，使数字化和信息化成为西部农村地区高质量发展的加速器，实现供需高质量匹配。

　　五是提高西部农村地区基建水平，加快农村交通设施建设，改善交通运输条件，以公路建设为重点，围绕成渝地区双城经济圈和关中平原城市群，构建以点带面的发展格局，实现西南西北、国内国际双循环，打破西部农村封闭落后的状

况；同时，加强能源、通信等基础设施建设，完善农产品现代流通体系，使人流、物流、资金流、信息流在城乡间自由流动，为农村经济高质量发展创造条件。

五、培育新型职业农民，加快整合农业教育资源，为西部农村地区高质量发展提供人才保障

一是加强农民在脱贫攻坚后高质量发展创新驱动过程中的自主性与参与性。要充分认识农民的主体性地位，进一步增强农民组织化程度，通过组织和制度化层面的赋权赋能，激发农民参与高质量发展创新驱动的内生动力，聚焦乡村振兴中存在的难点、痛点，凝聚农民集体智慧，发挥农民的创造性，使其成为西部农村地区高质量发展创新驱动的中坚力量。

二是建立高质量农业人才培养体系。随着工业化和城镇化进程，农业高质量发展对劳动力的需求体现在知识水平、专业技能等层面，要加大农村教育投入，整合西部地区教育资源，开展创业培训、农村新型技术培训，增强专业技能培训的有效性和针对性，培育一批新型职业农民和高素质创新人才，提升农业高质量发展创新人才的质量和数量，解决西部农村地区脱贫攻坚后出现的空心化、老龄化问题，满足农村高质量发展对高素质劳动力的需求。

三是建立以创新思维、创新能力为导向的农业高质量发展人才评价体系。由县级农村高质量发展机构、乡镇农业高质量发展试验点和农民三方考评工作绩效，全面推行人事聘用制度，完善农村各类人才信息库、岗位信息库，构建农村人才市场网络体系，积极拓宽人才市场服务功能领域。

四是提倡农民工和大学生等群体返乡创业。在城市就业的农民工，其返乡创业可以催生出许多乡镇"小微企业"和农业生产经营新主体，能够缓解农村"空心化"问题；同时，扶持一批提供就业岗位多的劳动密集型企业、加工型企业，降低农民创业门槛，鼓励农民工、返乡青年开发农村电商、乡村旅游等项目，加快建立农村创业孵化基地，吸引更多创业资源流入农村。

五是促进劳动力的合理配置和有序流动，鼓励人口向西南、西北交通区位条件好的地区转移。对于农业人才较为匮乏的村级单位，要从高素质人才引进、分配、培养、管理等环节完善人才引进机制，不断扩大人才引进的各项优惠政策和专项资金规模，促进政府、企业、农民等主体之间的有效联动。

六、加大涉农资金整合力度，拓宽农业资金来源渠道，加强西部农村地区高质量发展资金支持

一是健全多元化投入机制。加大对西部农村地区相对落后村庄乡村振兴的专项财政资金支持，鼓励政策性银行、国有商业银行、邮政储蓄银行、保险公司等金融机构在西部农村地区设立分支机构，着力解决农业高质量发展研发经费投入不足、资金配置不合理、涉农资金来源渠道窄的问题[14]。

二是加大涉农资金和地方专项资金整合力度，重点放在西部地区的农业转型升级、生态环境治理和农业基础设施建设等方面。涉农金融机构要灵活运用财政手段调整收支结构，提升涉农资金配置效能，提高西部地区农村建设中政府财政转移支付比例，为新型经营主体和小农户提供资金担保和增信服务。

三是拓宽投融资渠道。西部农村地区高质量发展主要依靠国家政府投资，随着农业现代化进程加快，现有资金远远不能满足高质量发展需求，需要引导各类社会资本投入西部农村地区高质量发展创新驱动领域，发挥社会资本覆盖范围广、体量大的优势，构建多元化投融资制度，调动社会资本的积极性，利用西部农村地区引入的国内外资金，不断进行衔接资金机制创新。

四是大力发展农村金融市场。一方面，农村信用社、农业银行等金融机构要围绕乡村振兴，深化改革创新，全面促进资金回流；另一方面，加强各金融机构之间的合作，针对向农村金融提供贷款及风险减少等关键问题，为西部农村地区高质量发展创新驱动提供强有力的资金保障。

五是建立农村普惠金融发展长效激励机制，探索培育一批新型农村金融机构、组织及其他农村金融市场主体，发挥协调带头作用；加大信贷资金的支持力度，提升金融机构服务水平、扩大信贷覆盖面，推动西部农村地区在"金融助力乡村振兴"中充分发挥"政府—银行—企业"合作优势，构建形式丰富、覆盖面广、适配度高的多元普惠金融产品体系，进一步服务村民、助力"三农"发展。

第三节　本章小结

西部农村地区面临着区域内部发展不平衡、农民收入差距大、经济增长动力不足等问题。因此，本章立足于西部农村地区高质量发展创新驱动的新形势、新要求，围绕政策链、产业链、创新链、人才链、资金链等，提出了西部农村地区高质量发展创新驱动的政策目标和建议，具体如下。

第一，研究认为西部农村地区高质量发展创新驱动的政策目标包括：促进西

部农村地区脱贫攻坚后与乡村振兴有机契合、优化西部农村地区高质量发展创新驱动环境、培育西部农村地区高质量发展经济增长极。

第二，研究认为西部农村地区高质量发展创新驱动的政策建议包括：一是加强乡村振兴顶层设计，明确西部农村地区脱贫攻坚后的方向与重点，破除乡村高质量振兴制度障碍；二是提高农民增产创收能力，确保农民持续增收，实现西部农村地区脱贫攻坚后共同富裕；三是深化农业供给侧结构性改革，优化西部农村产业结构，激活西部农村地区农业发展"新"动能；四是打造西部农业科技创新增长极，完善农村基础设施建设，增强西部农村地区高质量发展内生动力；五是培育新型职业农民，加快整合西部地区农业教育资源，为西部农村地区高质量发展提供人才动力；六是加大涉农资金整合力度，拓宽农业资金来源渠道，夯实西部农村地区高质量发展资金保障。

参 考 文 献

[1] 蔡绍洪, 谷城, 张再杰. 西部新型城镇化与乡村振兴协调的时空特征及影响机制[J]. 中国农业资源与区划, 2022, 43(12): 202-213.

[2] 吴碧波, 张协奎. 乡村振兴背景下西部地区农村城镇化:作用机理、基本要求及模式比较[J]. 农村经济, 2019, (6): 57-65.

[3] 吴碧波, 黄少安. 乡村振兴战略背景下西部地区农村就地城镇化的模式选择[J]. 广西民族研究, 2018, (2): 16-23.

[4] 谢小芹. 以共同富裕引导乡村振兴: 时代内涵、关键内容与路径创新[J]. 东北农业大学学报(社会科学版), 2022, 20(4): 10-19.

[5] 杨文娟. 西部地区新型城镇化与乡村振兴耦合协调发展研究[D]. 兰州: 兰州财经大学, 2022.

[6] 吴碧波, 任文. 乡村振兴背景下西部地区农村城镇化的困境与推进[J]. 区域经济评论, 2022, (2): 128-132.

[7] 严倩, 夏从亚.乡村振兴战略背景下西部地区农民稳步增收的困境与对策[J]. 原生态民族文化学刊, 2022, 14(6): 64-73, 154.

[8] 廖成中, 毛磊, 翟坤周. 共同富裕导向下东西部协作赋能乡村振兴: 机理、模式与策略[J]. 改革, 2022, (10): 91-105.

[9] 左停, 刘文婧, 于乐荣. 乡村振兴目标下东西部协作的再定位与发展创新[J]. 华中农业大学学报(社会科学版), 2022, (5): 11-20.

[10] 王海艳, 林云舟, 滕忠铭. 数字经济对城乡融合发展的影响因素研究[J]. 中共福建省委党校(福建行政学院)学报, 2022, (3): 123-132.

[11] 陈健. 新时代新征程在构建西部大开发新格局中促进共同富裕研究[J]. 新疆社会科学,

2022, (6): 61-72.

[12] 张社梅. 西部地区推进农村农民共同富裕的内在逻辑与实现路径[J]. 四川农业大学学报, 2022, 40(2): 286-291.

[13] 李俊杰, 姬浩浩."东数西算"驱动西部地区经济增长的内在机理与对策[J]. 中州学刊, 2022, (9): 23-30.

[14] 王重实. 我国西部地区数字普惠金融的减贫效应与影响机制研究[D]. 南京: 南京大学, 2021.

后 记

人生是走向成熟的历练，是蛹化成蝶的蜕变，而慎终如始的治学理念是我不断向前的动力源泉。尽管做研究的过程不知要忍受多少秉烛夜读之夜的寂寞；不知要在多少个夏日酷暑中煎熬；不知要坐多少冬日的冷板凳；不知多少次在痛苦中想要放弃；不知多少次泪洒衣襟、仰天长叹！但取得知识的那一刻是快乐的，因为知识改变了我的命运，它会毫不吝啬地让我得到我想得到的、我所梦想的任何东西，我只要不畏艰难、不甘寂寞、不畏挫折、勇往直前、勇敢地去付出，就会收获回报！本书是在国家社会科学基金一般项目"西部农村贫困地区脱贫攻坚后高质量发展的创新驱动机制研究"（编号：19BJY131）一次性通过专家匿名评审结题的最终研究成果的基础上，经过反复修改、补充完善，才成文定稿，而此书出版的意义在于，见证了我学术研究的新阶段、新征程。

回想过往经历，2017 年 12 月，组建科研创新团队，成为教育部人文社会科学重点研究基地长江上游经济研究中心"创新型国家建设与'一带一路'绿色发展"创新团队负责人；2017 年 12 月，作为第一负责人完成的《地方本科院校商贸类专业创新创业人才培养模式研究与实践》，获得重庆市教学成果奖；2018 年 6 月，独撰完成的《区域自主创新论》，获得重庆市第九次社会科学优秀成果奖；2018 年 8 月结题完成国家社科基金一般项目"西部地区农业科技协同创新机制研究"（结题证书编号：20183908）；2018 年 6 月，以国家社会科学基金一般项目"西部地区农业科技协同创新机制研究"（编号：13BJY117）为项目支持，以第一作者在《管理世界》发表 2 万余字长篇论文《乡村振兴战略下西部地区农业科技协同创新模式选择与实现路径》，并被中国人民大学报刊复印资料《农业经济研究》全文转载（2018 年 9 月），且被收入"2018 年度中国十大学术热点"热点五："乡村振兴战略研究"的重要文献，并列热点五重要文献第一位；2018 年 12 月，获批重庆市"创新型国家建设与'一带一路'绿色发展"研究生导师团队项目（编号：2018102）；2019 年 6 月，获批主持第六批重庆市研究生教育优质课程"中国区域经济问题专题"项目（编号：2019069）；2019 年 7 月，获批主持国家社会科学基金项目一般项目"西部农村贫困地区脱贫攻坚后高质量发展的创新驱动机制研究"（编号：19BJY131）；2019 年 11 月，获批主持重庆市社科基金重点项目"重庆农村贫困地区 2020 年后高质量发展的创新驱动机制研究"（2019WT44）、重庆市教科规划重点项目"重庆农村贫困地区脱贫攻坚后乡村教育高质量发展的创新驱动机制研究"（2019-GX-115）；2020 年 3 月，第一执笔人完成的《重庆餐饮业精准抗疫、保证市场供应，恢复生产的建议》，被重庆市主要领导（正部级）予以重要批示，其核心内容并被应用于《重庆市人民政府办公厅关于应对新型冠状病毒感染的肺炎疫情支持中小企业共渡难关二十条政策措施的通知》中，累计产生经济效益近 4 亿元，并以此为契机，开启了咨政建议之路，从 2020 年至今，第一执笔人完成的咨政成果已累计获得正部级、副部级领导批示近 20 篇；2020 年 4 月，获批主持重庆市经济社会发展重大决策咨询研究项目"乡村振兴战略下重庆农业科技协同创新问题研究"（FGWXSW2020-1-17）；2020 年 7 月，获批主持重庆市研究生教育教学改革重大项目；2021 年 5 月，获批主持教育部首批国家级课程思政示范课程、教学名师和团队项目；2021 年 11 月入选重庆英才·创新创业领军人才；2022 年 5 月，获批主持重庆市社会科学规划英才计划项目"乡村振兴战略下重庆山地特色高效农业科技创新路径研究"（2022YC008）；2022 年 6 月，晋升三级教授并入选重庆工商大学高层次人才特聘教授；2022 年 12 月，获重庆市第十一届社会科学优秀成果奖二等奖；2024 年 9 月，获评重庆市"应用经济学"学术技术带头人；等等。

完成国家社会科学基金一般项目"西部农村贫困地区脱贫攻坚后高质量发展的创新驱动机制研究"项目、形成本书的过程，离不开学校、领导、导师、团队成员和学生的支持和帮助，在此一并表示衷心感谢。此外，专著的文字校对工作得到了柳杨、黄珍伟、刘攀、李涵、王苓 5 位研究生的大力支持，他们为本书的完成贡献了力量。

最后，我要特别感谢我的家人，是你们无私的支持给予我学习的动力和拼搏的勇气；感谢已经离开我的姥姥和母亲，你们的爱就是我在这个世界上最好的礼物；感谢我的父亲，您虽不善言语，但父爱无边，让我感到温暖；感谢我的宝贝赵婧雯，你是上天赐给我的最美的礼物，给了我在逆境中奋斗的勇气；感谢我所有的亲人，是你们给予我人生旅途坚实的后盾和不竭的动力，我永远爱你们！

永远！永远！

王燕

2024 年 9 月于重庆